011
학지컴인사이트총서

효과적인

김규철 저

아이디어 발상법

Brainstorming
Fruitful Ideas, I CAN DO

I CAN DO

학지사비즈

아이디어 발상은 어렵다. 답이 없다. 이상한 것은 다른 사람의 아이디어에 훈수를 둘 때는 아이디어가 좋은지 미흡한지 잘 보이지만, 막상 내가 아이디어를 찾으려 하면 희한하게 잘 안 보인다. 아이디어는 참 이상하다. 아이디어 고수와 하수가 있다고 생각해 보자. 경력자와 초보자라고 해도 상관없다. 광고주에게 오리엔테이션을 받으면 아이디어 고수는 그 자리에서 A안이 떠오르지만, 하수는 아무것도 떠오르지 않는다. 또 고수가 내는 아이디어는 기본 80점 수준에서 시작하지만, 하수는 30점 언저리에서 시작한다. 상당한 차이가 있다. 그렇다고 고수가 유리한 것은 아니다. 왜냐하면 고수가 낸 80점짜리 아이디어로 광고주를 설득할 수 없기 때문이다. 광고주를 설득하기 위해서는 최소 90점 이상이 되어야 한다. 고수는 그 10점을 채워야 한다. 결국 30점짜리 하수나 80점짜리 고수는 같은 입장이 된다. 30점에서 90점으로 가는 것이니, 80점에서 90점으로 가는 것이나 둘 다 자신의 머리를 쥐어짜야 되기 때문이다. 고수든 하수든 문제를 끈질기게 물고 늘어지는 쪽이 결국에는 더 좋은 아이디어를 발견하게 된다. 이것이 아이디어의 진실이다.

광고는 판매이고, 광고주의 문제해결이다. 아이디어도 판매이고, 광고주의 문제해결이다. 광고의 영역이 아무리 넓어졌다 하더라도 이 본질은 바뀌지 않을 것이다. 지금까지 광고는 팔기 위해 소비자에게 믿을 수 있는 이유를 제공하여야 했고, 디지털시대가 되면서 믿을 수 있는 이유를 넘어 공유할 수 있는 이유를 만들어야 하게 되었다. 더군다나 경쟁이 심화되면서 마케팅만으로는 판매가 어려워졌다. 판매를 위해 커뮤니케이션이 동참했고, 문화도 동참했다. 시대정신도 끌어들였다. 그렇다고 광고가 커뮤니케이션, 문화, 시대정신이 된 것은 아니다. 팔기 위한 도구로서 커뮤니케이션, 문화, 시대정신이 필요했을 뿐이다.

수많은 아이디어 발상법이 있다. 하지만 그 무엇도 완벽하지 못하다. 그저 부분적인 팁을 줄 뿐이다. 광고인이라면 누구나 효과적인 아이디어 발상을 모색한다. 가장 좋은 방법은 피, 땀, 눈물의 과정을 반복하는 것이다. 이 사실을 아는 데는 꽤 시간이 걸린다. 아이디어를 얻는 영감(靈感) 같은 것은 없다고 나는 믿는다. 믿는 것은, 피, 땀, 눈물이 영감을 배설한다는 점이다. 아이디어를 얻기 위해서는 문제에 대해 많이 알아야 한다. 많이 알아야 쉽고, 분명하고, 짧게 말할 수 있기 때문이다.

이 책은 크게 세 부분으로 나뉘어 있다. 제1부에서는 아이디어 발상에 들어가기 전에 기본적으로 알아야 할 광고의 제반 문제와 USP에 대해 이야기한다. 제2부에서는 좋은 광고가 무엇이고 광고주의 문제해결을 위한 상황분석과 크리에이티브 브리프에 대해 간략히 설명한다. 제3부에서는 I CAN DO 아이디어 발상법을 소개한다. 이를 위해 창의성이 무엇인지, 아이디어가 무엇인지 그리고 아이디어 발상을 위해 어떤 태도를 가져야 하고, 어떤 준비를 해야 하는지, 어떠한 순서로 아이디어를 발상하는 것이 효과적인지, 그리고 자신이 낸 아이디어가 제대로 된 것인지 검증할 수 있는 검증기준을 소개한다.

I CAN DO 발상법은 빅 아이디어를 발견할 수 있다는 가능성의 태도, 준비, 발상, 검증이 한 문장에 다 포함되어 있다는 점에서 장점이 있다. 하지만 이 또한 많은 허점이 있다. 원래 아이디어 발상법은 사람마다 다 다르기 때문이다. 그렇지만 나는 희망한다. I CAN DO 발상법이 기초가 되어 몸에 익혀서 누구나 크리에이터 자신만의 아이디어 발상법을 찾을 수 있기를.

모든 것은 연결되어 있다. 모든 이치는 비슷하다. 기본은 어디나 통한다. 그래서 나는 이소룡의 말을 좋아한다. 이소룡은 말했다. "나는 만 가지 킥을 할 줄 하는 사람은 두렵지 않다. 그러나 한 가지 킥을 만 번 연습한 사람은 두렵다." 기본의 중요성을 말한 것이다. 현란한 기술에 취하기보다 기본을 제대로 해 내는 쪽이 지름길에 훨씬 가깝다고 믿기 때문이다. 모든 분야가 그럴 것이다. 아이디어도 마찬가지이다. 그 기본은 지속한 반복을 통한 숙련을 통해 정교해지고, 명쾌해지고, 단순해져서 빅 아이디어를 만든다. 이 발상법은 꼭 광고인을 위한 것만은 아니다. 광고와 상관없는 일반인도 이 방법에 따라 아이디어를 발상한다면 자신이 원하는 아이디어를 발견할 수 있을 것이다.

　마지막으로, 잊지 말아야 할 것은 광고는 소비자를 이롭게 하여 문제를 해결한다는 것이다. 광고는 소비자를 이롭게 하여 물건을 파는 것이다. 아이디어는 소비자를 이롭게 하여 판매를 일으키는 것이다. 소비자를 이롭게 하지 않고 물건을 판다면, 세상 사람들로부터 비난받아 마땅하다.

　끝으로 학지사 김진환 사장님과 최임배 부사장님, 김순호 편집이사님, 이수연 편집자에게 감사드린다. 특히 이수연 편집자께서는 미진한 원고를 구석구석 꼼꼼히 살펴 주어 그나마 다른 원고들과 비슷하게 만들어 주셨다. 다시 한번 감사드린다.

2023년 6월
김규철

• 여기서 나오는 광고주의 제반 문제, 문제해결은 '판매를 위한 것'을 기본으로 한다. 여기서는 광고의 모든 활동은 판매를 위한 것임을 수없이 반복한다. 예를 들어, ESG경영도 판매를 위한 것이지, 사회를 선하고 아름답게 하려는 것이 아니기 때문이다. 광고가 소비자 이익을 말하면 판매가 일어나듯이, 선한 활동을 하면 판매가 일어나는 결과가 나오고, 더불어 사회도 선해지는 것은 결과이지 목적이 아니다.

• 여기서 나오는 USP와 ESP는 같은 말이다. 같은 말을 광고주 입장에서 소비자 혜택을 말하면 USP, 소비자 입장에서 소비자 이익을 말하면 ESP로 말하는 것뿐이다.

• 이 책에서 문맥에 따라 소비자, 고객, 구매자 등의 말이 사용되지만, 기본적으로 물건을 사는 소비자란 관점에서 출발한다.

- 이 책에서는 같은 내용이 반복되는 경우가 많다. 어느 누구도 한 번 들어 아는 경우는 드물다. 나도 그렇다. 이 책을 읽는 사람도 마찬가지일 것이다. 반복되는 내용은 중요한 내용이다. 많이 반복될수록 중요하다. 한 번 더 읽으면서 그 의미를 새기면 된다.

- 이 책은 실천적인 용도로 쓰였다. 그래서 필요하다고 생각되는 것만 간추렸다. 그리고 엄청난 반복을 통한 숙련을 골자로 한다. 광고가 '무엇인지' 묻지 않는다. 광고를 '왜 하는지'만 묻는다. 광고가 무엇인지 알고 싶은 사람은 다른 책을 참고하는 것이 낫다.

- 이 책에 나오는 사례광고들의 좀 더 자세한 구체적인 정보가 필요하면 구글을 이용하여 검색하면 어렵지 않게 찾을 수 있을 것이다. 미흡한 것이 있다면 확인하라.

- 광고는 물건을 파는 일이지, 세상을 아름답게 하는 일이 아니다. 그것은 결과일 뿐이다. 만약 광고가 물건 파는 일이라 멋없게 보여서 견딜 수 없다면 광고를 하면 안 된다. 떠나라. 다른 일을 찾아보라.

일러두기

차례

효과적인 아이디어 발상법
I CAN DO

제**1**부
아이디어 발상에
들어가기 전에

만 가지 킥을 하는 사람은 두렵지 않다.
그러나
한 가지 킥을 만 번 연습하는 사람은 두렵다.

―이소룡―

광고는 왜 하는가

광고는 왜 하는가? 광고에서 크리에이티비티는 왜 필요한가? 광고 아이디어 발상은 어떻게 하는가? 대부분의 광고인들은 이런 근본적이고, 기본적인 질문들은 너무 하찮아서 등한시한다. 그러나 막상 근본적인 질문을 하게 되면, 의외로 우리는 새로운 '화두'를 얻게 된다.

마케팅은 소비자를 이롭게 해서 돈을 버는 것이다. 광고도 마찬가지이다.

소비자를 이롭게 하지 못하면서 물건을 판다면 좋은 마케팅도, 좋은 광고도, 정당한 판매도 아니다. 사기이다. 광고 아이디어도 마찬가지이다. 그럼에도 광고의 기본은 '판매를 위한 것'이다. '판매'는 광고주가 당면한 문제이다. 광고는 광고주의 문제를 해결하는 일이다. 판매건 서비스건 무엇이건, 싫건 좋건, 원하건 원하지 않건 그것은 광고의 존재 이유이다. 세상이 다양해져, 디지털 시대가 된 지금 광고를 바라보는 시각은 다양하다. 마케팅 측면, 커뮤니케이션 측면, 문화적 측면, 예술적 측면 등의 관점이 있다. 덕분에 '판매를 위한 것'이라는 기본개념은 꽤 홀대받고 있다.

광고는 지금까지 제품을 팔기 위해 널리 알려야 했다. 세상이 바뀌어 디지털 시대가 되어 SNS의 삶이 일상화된 요즘에 와서 광고는 세상에 '널리 알리는 것'으로는 부족하고, '폭넓게 모이게 하는 역할'을 요구받게 되었다(김병희 외, 2021). 즉, 광고를 믿어야 할 이유(reason to believe)를 제공하면 충분하던 것에서 사람들이 서로 공유해야 할 이유(reason to share)가 필요해졌다. 광고 콘텐츠가 더 많이 공유될수록 많이 팔 수 있는 기회가 늘어나는 시대가 되었기 때문이다. 이 점이 크리에이티브가 필요한 이유이다. 이제 광고에서 크리에이티브는 메시지 전달만으로 부족하고, 소비자와 좋은 관계를 만드는 두 가지 역할을 동시에 해 내야 한다.

크리에이티브는 그 명사형인 크리에이티비티(creativity)를 대신하여 명사적 개념으로 일반화되어 사용되고 있으며, 영문으로 creativity, creativeness, creative thinking, creation, criginality, invention, intuition, imagination, insight 등의 의미를 포함한 단어로 사용한다(윤일기 외, 2020). 물론 아이디어라는 말도 포함한다. 다음은 광고와 디지털 시대 광고의 정의이다.

1) 광고의 정의들

광고란 인쇄된 판매기술이다.

(John E. Kennedy, 1894; 김규철, 2013a에서 재인용)

광고는 잘 표현된 진실

(광고회사 맥캔 에릭슨; 김규철, 2013a에서 재인용)

광고란

명시된 광고주가

유료로

아이디어와 제품 및 서비스를

비대인적으로

제시하고 촉진하는 일체의 형태

(미국 마케팅학회, 1963; 김규철, 2013a에서 재인용)

광고란

광고주가 청중을 설득하거나 영향력을 미치기 위해

대중매체를 이용하는

유료의

비대면적 의사전달형태이다.

(한국광고학회, 1994; 김규철, 2013a에서 재인용)

2) 디지털 시대의 광고의 새로운 정의

광고란
광고주체가 미디어(플랫폼)를 통해
제품이나 브랜드 콘텐츠 메시지를
소비자에게 전달하거나 상호작용함으로써
소비자 행동에 영향을 미치기 위한
전략적 마케팅 커뮤니케이션 활동이며,
필요에 따라 홍보(PR) 활동과 함께 실행된다.

(김병희 외, 2021)

요약하면 광고란,

① 광고주의 문제(판매)를
② 미디어(플랫폼)를 통해
③ 소비자에게 전달·공유하여
④ 문제를 해결하는 마케팅 활동이다.

어떤 정의든 각자 나름의 역할을 한다. 관점도 준다. 그러나 정의와 상관없이 광고의 목적은 판매이고, 광고주의 문제해결이다. 광고인의 문제해결 말고. 다시 강조하면, 20세기까지 광고는 '팔기 위해' 믿어야 할 이유(RtoB)를 찾아 널리 알려야 했고, 21세기 SNS 시대인 지금의 광고는 '팔기 위해' 시로 공유해야 할 이유(RtoS)를 제공하여 많이 공유되도록 만드는 것이 필요하게 되었다. 광고를 널리 알리고, 호감을 갖고 서로 공유하게 만드는 이유는 제품을 팔기 위해서이지, 세상을 아름답게 만들기 위해서가 아니다.

광고에는 오해도 있고, 편견도 있다. 광고는 예술, 문화, 새로움, 멋있음, 콘텐츠, 꿈을 공유한다. 이를 위해 광고와 예술의 합성어인 아트버타이징(Artvertising)이라는 말까지 나왔다. 그만큼 광고의 때깔이 중요해졌다는 말이다. 그러나 광고는 예술일 필요도 없고, 문화일 필요도 없고, 새로울 필요도 없고, 멋있는 콘텐츠일 필요도 없고, 소비자의 꿈일 이유도 없다. 광고는 그저 물건을 잘 팔면 된다. 물건을 팔기 위해 광고는 예술, 문화, 새로움, 멋있는 콘텐츠, 소비자의 꿈을 말해야 했다. 광고의 내용이 무엇이든 소비자의 주의를 끌고, 메시지를 전달하고, 호감을 얻어, 많이 공유되어 소비자와 좋은 관계를 만들면 제품이 팔린다. 또한 구매한 고객도 좋아하고, 앞으로 구매할 잠재고객도 신규고객으로 유입할 수 있기 때문이다.

우리가 호흡하는 공기는 산소와 질소 그리고 광고로 이루어져 있다고 로버트 궤링(Robert Gue'rin)이 말한 것처럼, 광고는 우리 삶에 깊숙이 들어와 있다. 광고의 영역이 확장되고 다양해졌다고 해서, 광고가 예술, 새로움, 멋있는 콘텐츠, 꿈 등이 목적이라고 착각할 이유는 없다. 그것들은 수단이고 도구일 뿐이다. 그럼에도 광고표현의 때깔이 담보되지 않으면 소비자들은 공유는커녕 관심조차 주지 않는다. 소비자들의 주의를 끌고 공유되기 위해 크리에이터들이 멋진 광고, 예술적인 광고, 감동적인 아이디어를 찾기 위해 고군분투하는 이유이다. 광고는 과학이면서 예술이라고 말하면 어디 가서 욕먹지 않는다. 안전하다. 왜? 멍청한 대답이니까. 광고는 절대적으로 예술이어야 한다. 그래야 팔 수 있다. 광고의 때깔이 제품의 퀄리티를 결정하고, 광고의 때깔이 제품의 메시지가 되고, 광고의 때깔이 제품을 파는 USP가 되는 시대가 된 지 오래되었다.

잊지 말라. 광고는 광고주의 문제해결(판매)을 위한 것이라는 기본은 바뀌지 않았다. 22세기가 되어도 변하지 않을 것이다. 만약 그 기본이 바뀐다면 그때의 광고는 오늘날 우리가 말하는 광고가 아닐 것이다. 이를 망각하면 자다가 남의 다리 긁는 엉뚱한 짓을 하게 된다. 남의 다리 긁어 내 다리가 시원해지지 않듯이, 판매라는 기본을 뒷전에 두고 예술, 문화, 새로움, 콘텐츠 등에 현혹되면 낭패를 보게 된다.

광고를 만드는 과정과 소비자가 광고를 보는 과정은 정반대이다

광고는 마케팅, 광고전략, 표현전략, 아이디어의 순서로 만들어지지만, 소비자는 정반대로 광고를 본다. 아이디어를 제일 먼저 보고, 그다음 표현전략, 광고전략, 마케팅의 순으로 본다. 아마도 아이디어를 본 다음 표현전략이나 광고전략까지 따져 보는 소비자는 거의 없을 것이다. 마케팅까지 생각하는 소비자는? 아마 한 명도 없을 것이다. 소비자는 광고표현의 아이디어만 본다. 그러니 아이디어에서 할 말을 다해야 한다. 단순명쾌하게.

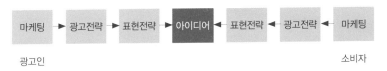

[그림 1-1] 광고를 만드는 과정과 보는 과정

만약 광고를 공부하는 사람이라면, 좋은 아이디어라고 생각되는 광고를 봤을 때, 그 아이디어가 왜 나오게 되었는지 그 배경에 대해 생각해 보고, 그다음 그 아이디어는 어떠한 표현전략 속에서 나오게 되었는지, 나아가 광고전략과 어떤 마케팅 상황에서 그러한 문제가 도출되었는지를 살펴본다면 꽤 실질적인 공부가 될 수 있을 것이다. 광고 공부의 가장 좋은 방법은 좋은 광고를 많이 보고 따져 보는 것이다. 나는 그보다 더 좋은 방법은 아직 알지 못한다.

광고 아이디어의 커뮤니케이션 속도는
3초에 불과하다

2초라고도 한다. 영상광고나 인쇄광고 모두 마찬가지이다. 광고메시지는 단순명쾌해야 한다. '척' 하면 삼천리를 보고, '쿵' 하면 호박 떨어지는 것을 알고, '쩍' 하면 입맛 다시는 것처럼 의미가 쉽고 빠르게 전달되어야 한다. 개리 애벗(Garry Abbott) 은 충고한다. "사람들을 즐겁게 해 줘야 합니다. 삶은 너무 빨라지고 또 복잡해졌습니다. 광고는 엔터테인먼트 수준에서 가장 효과가 있습니다. 광고는 사람을 자극해야 합니다. 10억분의 1초 시이에 사람들을 즐겁게 하고 그들이 메시지를 알아듣도록 해야 합니다."(Aitchison & French, 1999)

사람은 자기가 보고 싶은 것만 본다. 소비자는 자신에게 이익이 되는 것만 본다. 그렇다고 해서 그들이 옳은지 그른지, 아름다운지 추한지, 사실인지 거짓인지를 모르지는 않는다. 용인하는 것도 아니다. 마음에 들지 않으면 가타부타 말하지 않고 신경을 꺼버릴 뿐이다. 어쨌든 소비자는 선택적 주의의 달인이다. 선택적 주의(selective attention) 개념은 사회심리학의 칵테일파티 효과(cocktail party effect)와 관련된 개념이다. 여러 사람의 목소리와 잡음이 뒤섞여 있는 상황에서도 본인이 흥

제1부 아이디어 발상에 들어가기 전에

미를 갖는 이야기는 선택적으로 들을 수 있는 현상이다(김병희 외, 2021). 소비자가 어떤 광고에 멈추어서 '도대체 무슨 일이야?'라며 주의를 기울이는 것은 재미있고, 나와 관계있는 것이다. 자신과 관계있다면, 충격적이거나, 엽기적이거나, 극적이거나, 아름다운 어떤 것 등이 모두 해당된다(Khai Meng, 2001). 소비자의 선택적 그물망에 걸리지 않으면, 메시지 전달은커녕 호감을 얻을 기회조차 얻을 수 없어지고, SNS 등에 공유(share)될 가능성도 사라진다. 소비자 이익은 두 가지가 있다. 가성비와 가심비이다. 남들보다 물건을 싸게 사는 가성비와, 가격과 관계없이 심리적 만족감을 얻을 수 있는 가심비 구매이다(김병희 외, 2022). 잊지 말라. 꽤 교양 있고 고고한 척 하는 지식인도 자신의 이익 앞에선 비겁하게 신념을 바꾸는 것이 인간이라는 것을.

　당신이 제시하는 광고 아이디어에 다른 해석의 여지가 있으면 망한 것이다. 맛있는 게 아니다. 뒷맛 있는 것도 아니다. 착각하지 마시라. 광고는 소비자의 머릿속에 바꿀 수 없는 또 하나의 고정관념을 만들어야 하는 일이다.

광고의 반복 노출의 힘

1885년 토머스 스미스(Thomas Smith)는 다음과 같이 말했다. 이는 오늘날에도 변함없이 적용된다(Dupont, 1993).

광고를 처음 본 사람은 그것을 보고도 보지 못한다.

2번째 보면 광고에 주목하지 않는다.

3번째 보면 그 존재를 인식한다.

4번째 보면 전에 본 적이 있음을 희미하게 기억한다.

5번째 보면 그 광고를 읽는다.

6번째 보면 그 광고를 비웃는다.

7번째 보면 귀찮아한다.

8번째 보면 그 광고를 욕한다.

9번째 보면 도대체 어떤 것인지 궁금해한다.

10번째 보면 이웃이 혹시 구입을 했는지 물어봐야겠다고 생각한다.

11번째 보면 광고비를 빼고 나면 광고주에게 뭐가 남는지 궁금해한다.

12번째 보면 그것도 어느 정도 가치가 있을 수 있다고 생각한다.

13번째 보면 그 제품이 좋을 것이라고 생각한다.

14번째 보면 자신이 오랫동안 그 제품을 갖고 싶어 했었다는 것을 기억한다.

15번째 보면 그것을 살 여유가 없어 애가 탄다.

16번째 보면 언젠가는 그것을 살 것이라고 생각한다.

17번째 보면 그것을 메모까지 한다.

18번째 보면 자신의 가난을 한탄한다.

19번째 보면 자신의 돈을 주의 깊게 센다.

20번째 보면 그것을 사거나 그의 아내에게 사라고 한다.

광고는 반복된 노출이다. 반복된 주장은 소비자에게 신뢰와 우호적인 태도를 증가시키고, 브랜드를 기억시키는 데 도움을 준다. 메시지의 반복 노출은 무엇보다 판매에 효과가 있다.

빅 아이디어는 광고비용을 줄여 준다

인쇄광고가 독자에게 약 95% 도달하기 위해서는 다음과 같이 반복되어야 한다. 광고가 처음 게재되었을 때 독자 중 20%의 눈에 띄었다면 13번 반복되어야 한다. 30%의 눈에 띄었다면 8번 반복되어야 한다. 40%의 눈에 띄었다면 4번 반복되어야 한다. 처음에 독자의 60%의 눈에 띄었다면 3번 반복되어야 한다(Dupont, 1993). 빅 아이디어가 필요한 이유이다. 이는 다른 매체의 경우에도 동일하게 적용된다고 생각해도 무방하다. 빅 아이디어가 광고비용을 줄이는 것은 분명한 사실이다. 빅 아이디어가 새로운 비즈니스를 창출한다는 말도 진실이다.

빅 아이디어는 무엇을 하든, 지루한 것들에 관해 재미있게 말하는 방법을 찾아내는 것이나. 더 재미있게 말할수록 더 크리에이티브하게 해 냈다는 뜻이다. 빅 아이디어에 가까워질수록 광고주의 문제인 판매는 이루어지고 비용은 줄여 준다. 이른바 원가절감을 한다.

USP의 관점으로 광고전략을 살펴보자

광고전략은 크리에이티브를 억압하는 것이 아니라 자유롭게 하는 것이다. 광고가 도약할 수 있도록 명쾌한 도약대를 만들어 주는 것이고, 광고가 옮겨갈 수 있는 명쾌한 방향을 설정해 주는 것이다. 당신의 전략이 경쟁사들의 전략과 비슷하다면 당신의 아이디어도 비슷할 것이라는 것은 분명하다. 모든 전략에는 아이디어가 필요하다. 전략에 아이디어가 없다면 표현에도 아이디어가 있을 가능성은 줄어든다.

프레이저(Charles Frazer)는 경쟁상황을 고려한 여러 광고전략을 종합하여, 7가지 표현전략모형을 제시하였다(김병희 외, 2022 재인용). 다음은 7가지 표현전략모형에서 수정·보완한 내용이다. 그중 '공명전략'과 '정서전략'은 모든 전략에 적용되는 것이므로 설명을 제외하고, 광고표현전략으로서 의미가 있다고 생각되는 5가지만 살펴본다.

① **본원전략**(generic strategy)은 처음 제품의 존재를 알리는 것만으로도 충분한 전략이다. 선도브랜드나, 경쟁이 심하지 않은 독점상태에서 취하는 전략이다. 소비자를 속이지만 않는다면 충분하고 올바른 길을 가는 것이다.

② **선점전략**(preemptive strategy)은 경쟁제품도 갖고 있는 장점이지만 경쟁사 보다 먼저 말하여 우월함을 자기 것으로 선점하는 USP전략이다. 처음 말하는 것이 더 나은 것보다 언제나 강력하다. 무엇이든, 누구든 처음 말하는 것은 무조건 옳다.

③ **USP전략**(Unique Selling Proposition strategy)은 경쟁이 심한 상황에서 경쟁제품에는 없는 우월적 특성을 찾아서 그것을 독특한 소비자 이익으로 바꾸어서 경쟁력을 확보하는 전략이다. USP전략이 시작된 1950년대뿐만 아니라 오늘날, 그리고 영원히 유용한 전략이다.

④ **브랜드이미지전략**(brand image strategy)은 경쟁제품은 많은데, 제품 간 기술적 차이가 없을 때 이미지로 심리적 차별화를 꾀하는 전략이다. 즉, **이미지로 확장된 USP전략**이라고 생각해도 무리가 없다.

⑤ **포지셔닝전략**(positioning strategy)은 비슷비슷한 제품끼리 제품싸움을 하는 것은 한계에 도달했다고 판단하여, 경쟁의 틀을 제품싸움이 아닌 인식싸움으로 전환하여 소비자의 마음속 위치를 선점하기 위한 전략이다. **인식으로 확장된 USP전략**이다.

이 책에서는 ②, ③, ④, ⑤를 같은 USP전략의 다른 형태로 본다.

제품의 고유성을 중요하게 생각하는 USP전략은 로저 리브스(Reeves, 1961)가 제창한 독특한 판매 제안 또는 고유한 판매 제안이다. 그는 제품 자체에서 USP를 찾으라고 했다. USP는 제품에 기반하여 트렌드를 반영하든, 소비자의 꿈을 반영하든, 소비자 취향과 스타일, 태도, 말하는 방식까지, 무엇을 하든 소비자들의 마음을 바꿀 수 있는 심리적 버튼이라고 닐 프렌치(Neil French)는 말한다(Aitchison & French, 1999). USP를 시각화·언어화하여 눈에 보이도록 구체화한 것이 아이디어이다. 그 구체화는 광고주(발신자) 입장에서 수혜를 베푸는 소비자 혜택이 아니라, 소비자(수신자) 입장에서 당연히 얻을 수 있는 소비자 이익이어야 한다. '소비자들이 제품을 선택하는 데 광고가 기여해야'(Michael, 2003) 하기 때문이다. 결국 USP의 핵심은 소비지 이익이다.

기술평준화시대가 된 요즈음, 어떤 자동차든 잘 굴러가지 않는 자동차가 없고, 어떤 냉장고든 잘 냉장되지 않는 냉장고가 없어 제품 간 능력 차이를 찾아내기 어렵다. 거의 없다. 시쳇말로 제품 간 차이가 없으니 USP도 불분명해졌다. 어쩔 수 없이 USP의 영역은 확장되어야 했다. 제품에서 이미지로, 포지셔닝으로 그리고 가치로, 철학으로 확장되어 다른 모습의 USP가 생겨났다. 그 과정에서 변하지 않는 원칙은 제품이 주인공이어야 하고, 제품 속에서 드라마를 찾아야 한다는 전제, 그리고 제품이 주는 소비자 이익을 말해야 하는 기본은 바뀌지 않고 있다.

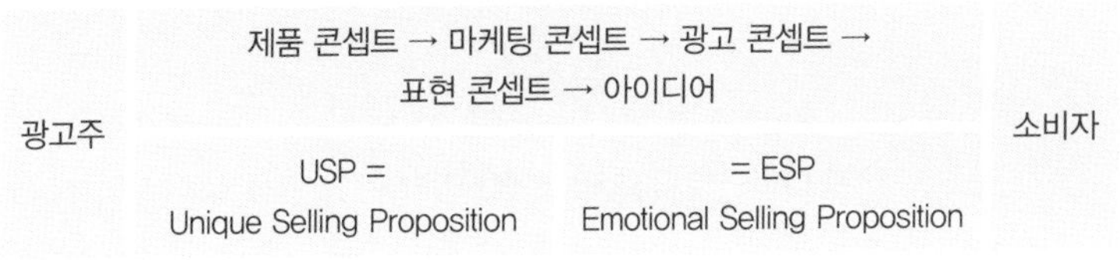

제품 콘셉트 → 마케팅 콘셉트 → 광고 콘셉트 →
표현 콘셉트 → 아이디어

광고주   소비자

USP =   = ESP
Unique Selling Proposition   Emotional Selling Proposition

[그림 1-2] **USP(ESP)의 정체성 관계도**

그러나 이것이 지켜지는 경우는 별로 없는 것이 현실이다.

USP는 제품의 정체성(identity)과 같다. 정체성은 나의 여러 요소 중 '보여 주고 싶은 나의 모습'이다. 제품의 정체성은 제품의 여러 가지 특성이나 가치 중에서 소비자에게 관심(이익)을 끌 만한 하나를 선택한 것이다. 즉, 판매를 위해 '대표적으로 보여 주고 싶은 제품의 모습'이다. 그 정체성이 상황에 따라 제품 콘셉트, 마케팅 콘셉트, 광고 콘셉트, 표현 콘셉트 때로는 아이디어 등의 다른 이름으로 불린다([그림 1-2] 참조).

소비자가 원하는 것이 무엇이든 바로 그것이 USP이다. USP를 제품에 국한시키지 말라. USP는 소비자가 원하는 모든 것이다. 소비자들이 원하는 것은 제품이 아니라, 제품과 관련된 좋은 느낌, 꿈, 자부심, 일상의 행복 같은 것이다. 그것을 소비자가 자신이 원하는 것이라고 느끼게 하면 ESP가 된다.

USP는 ESP로 전환되어야 한다

USP(Unique Selling Proposition)가 소비자 설득을 위한 것이라면, ESP(Emotional Selling Proposition)는 소비자와 대화하고 공감하고 공유를 유도하기 위한 것이다. 둘은 동전의 양면과 같다. 같은 것을 기업 관점에서 추출한 것이 USP이고, 소비자 관점에서 추출한 것이 ESP이다. 굳이 그 차이를 말하자면, 이성(reason)은 상상을 통해 이해를 가져오지만, 감성(emotion)은 느낌을 통해 공감을 부르고, 감정을 부추기는 원인이 된다. 이성은 추론 능력, 즉 상상 능력이고 감성은 공감 능력이다. USP는 이성적으로 믿을 수 있는 독특한 판매 제안을, ESP는 소비자와의 공감을 통해 믿음을 공유하게 하는 독특한 판매 제안이다. USP가 로직(logic)에 기반한다면, ESP는 매직(magic)으로 가는 징검다리가 된다.

결국엔 소비자 관점의 ESP가 아이디어가 되는 경우가 많다.

상품(문제)의 USP를 소비자의 ESP로 바꾸는 것이 크리에이터가 해야 할 일이다. 크리에이터는 USP를 소비자가 공감할 수 있는 ESP(이익)로 전환시킬 수 있어야 한다. 윌리엄 번벅(Bernbach, 1989)이 말한 "우리의 직업은 죽은 사실에 생명을 불어넣는 것"이라는 표현도 FSP의 구체화와 같은 말이나. 이해를 위해 USP

와 ESP를 다른 이름으로 구분하지만, 그냥 이성USP와 감성USP
로 구분해도 문제가 없다. 본인이 편한 대로 사용하면 된다. 여
기에서는 표현전략 단계까지는 USP로 사용할 것이고, 최종 아
이디어 단계에서는 ESP로 통일해 사용할 것이다.

소비자가 공감하는 이익은 광고 메시지를 보고 '아~ 이거,
나에게 좋겠구나!'라고 스스로 판단하는 것이다. 소비자는 상
품이 훌륭하기 때문이 아니라, 그 상품이 나에게 이익이 되기
때문에 공감하고, 구매하고, 공유한다. 그 이상도 이하도 아니
다. 모든 상품에는 나름의 소비자 이익이 있다. 그 이익이 꼭
물리적인 것만 되는 것은 아니다. 순수한 것도, 감성적인 것도
가능하다. 사람들이 많은 돈을 지불할 준비가 되어 있는 여러
종류의 비합리적인 이익이 있다. 크루즈여행회사인 노르웨이
크루즈라인(Norwegian Cruise Line) 광고캠페인은 보이지 않는
이익에 대해 썼다(Aitchison & French, 1999).

"나는 더 자주 알몸으로 있을 거야."
"나는 구름을 기억할 거야."
"일출에 대해서 공부하지 말란 법은 없지."
"무거운 모직을 넘어선(Beyond), 한밤의 뉴스를 넘어선. 당신에게 상처를
주는 것을 넘어선. 정치를(국가를, 지역을, 성별을) 넘어선. 넘어선 것을 넘
어선."

(Aitchison & French, 1999)

게리 골드미스(Garry Goldsmith)는 "눈에 보이는 이성적인 이익을 반드시 제공할 필요는 없다. 눈에 보이지 않는 이익도 이익인 것은 분명하다. 무엇이든 이성적인 사람이 이해할 수 있는 이익이면 충분하다."라고 말한다(Aitchison & French, 1999). 감성적이든, 감각적이든, 불합리한 것이든, 무엇이든. 다음은 그 이익을 공감하는 메시지로 바꾸었다고 생각되는 예들이다. 딤채는 김치냉장고가 아닌 김치를 맛있게 해 주는 '발효과학'이라는 이익, 다시다는 천연조미료가 아니라 '고향의 맛'을 느끼게 해 주는 이익, 그 외에도 오리온 초코파이의 '정(精)', 오리온 예감의 '튀기지 않은 감자칩' '입 냄새 제거 껌, 후라보노' 등은 모두 소비자 이익이다. 인사이트 확인의 핵심은 핵심 소비자가 무엇을 원하는지(wants) 그 동기에 귀 기울이는 것이다.

USP 개념은 모든 매체, 모든 플랫폼에 적용될 수 있다. 여기서는 인쇄광고 사례를 중심으로 하고 있지만, USP의 핵심은 TV(동영상), 라디오, 옥외광고, 교통광고, 온라인 배너광고, 인터넷 디스플레이광고, 검색광고, 동영상광고와 리치미디어광고, 모바일, 소셜 미디어 등 모든 광고매체에 골고루 적용된다고 보면 된다. 소비자 이익이라는 USP는 언제 어디서나 강력한 힘을 발휘하기 때문이다.

비주얼과 카피는 단순명쾌해야 한다

'시원한 맥주'라는 카피를 썼을 때는 물기를 머금은 차가운 맥주의 사진을 제시하는 것이 기본적으로 옳다. 사진과 텍스트를 정확히 일치시키는 것은, 비주얼과 카피가 서로 도와 단순명쾌한 메시지를 만드는 방법이다.

인간의 두뇌는 눈앞의 세계가 무질서한 것을 본능적으로 싫어한다. 부정한다. 괴상한 것을 원하는 인간은 없다. 소비자들은 괴상한 것을 원하지 않는다. 그들은 바쁘다. 괴상한 것이 창조적인 것이라고 착각하지 마시라. 인간은 살아오면서 수없이 경험해 왔던 친숙한 이야기, 친숙한 형태를 끊임없이 찾아 헤맨다. 자신의 에너지를 아껴서, 위기에 처했을 때 사용하기 위해서이다. 대부분의 광고 아이디어는 친숙한 것을 낯설게 하는 경우가 많다. 순질이화(淳質異化)라고 한다. 친숙한 것을 낯설게 함으로써 생기는 신선함, 재미 등은 소비자들을 주목시킨다. 신선함과 재미에 주목하게 되면 소비자는 소비자 이익을 알아차릴 수 있게 되어 이해와 공감을 넘어 감동으로 이어진다.

형태심리학(Gestalt psychology)은 사람들이 눈앞의 세계를 단순하게 조직화하여 지각한다는 것을 잘 설명해 주고 있다(김병희 외, 2021). 그 핵심은 사람들은 어떤 대상을 지각할 때, 부분이 아니라 통합된 덩어리로 지각한다는 것이다. 지각하는 형식은 ① 완결성(closure), ② 집단화(grouping), ③ 전경과 배경 (figure and ground) 등이다. 다음은 김병희 등(2021)의 정리를 요약한 것이다.

1) 완결성

완결성은 미완성의 메시지를 봤을 때 인간은 스스로 메시지를 완성시켜 지각한다. 부족하면 채우고, 넘치면 생략하여 메시지를 분명하게 인식하고자 한다. 소비자에게 완전한 광고와 불완전한 광고가 광고회상에 미치는 영향에 관한 비교실험 결과, 불완전한 광고가 완전한 광고보다 회상률이 34% 더 높았다(Heimback & Jacoby, 1972; 김병희 외, 2021에서 재인용). 이러한 현상을 자이가르닉 효과(Zeigarnik effect)라고 한다. 켈로그 (Kellogg)사는 광고 게시판의 광고에 회사명의 첫 글자인 'K'를 삭제한 광고를 실었던 적이 있다. 그 결과, 이 광고에 대한 소비자의 주의 정도는 크게 향상됐다.

2) 집단화

집단화는 사람들이 분리된 여러 요소를 부분의 조각이 아닌, 덩어리(chunk) 단위로 지각하는 것을 말한다. 덩이리는 의미

제1부 아이디어 발상에 들어가기 전에

단위를 말하는데, 근접성·유사성·연속성의 특징을 가지고 있다. 근접성은 유유상종처럼 서로 가까운 요소들을 한통속이라고 지각하는 경향, 유사성은 자극의 요소 중 비슷한 것끼리 한 덩어리로 지각하는 경향을 말하며, 연속성은 자극요소들의 진행방향대로 같은 계열이라고 지각하는 경향을 말한다.

3) 전경과 배경

사람들은 어떤 대상을 지각할 때 전경과 배경 두 가지로 나누어 지각한다. 즉, 주인공과 배경이다. 두드러지게 나타나는 주인공은 전경(figure)으로, 두드러지지 않은 쪽은 배경(ground)으로 처리하는 것이다. 이렇게 주인공과 배경으로 대상의 내용을 구분하여 지각함으로써 사람들은 무질서에서 해방되고자 한다. 광고에서 모델은 기억나는데, 어떤 제품인지 기억나지 않는 경우가 전경과 배경의 잘못된 설정 때문이다. 오래전, '따봉'이라는 주스 광고가 대 히트를 해서 대한민국 사람들 중 그 광고를 모르는 사람이 없었다. 그러나 정작 경쟁사 오렌지 주스의 매출이 더 올라간 경우도 전경과 배경 설정이 잘못되었기 때문이다.

멋있는 광고를 만들겠다는 광고인의 욕심이 광고를 잘못된 방향으로 가게 만드는 경우가 많다. 오길비앤매더(Ogilvy and Mather)의 뉴저지, 일리노이, 텍사스 연구보고서에 의하면, 모든 광고의 3분의 1은 잘못 이해되고 있었다. 연구가 진행되는 동안 참가자 전체의 40%가 양주광고를 보디오일 광고로 오해하였으며, 40%가 은행광고를 서류가방 광고로 착각(Dupont, 1993)할 정도로 소비자들은 광고에 무관심하다. 그러니 광고인은 흘깃 보아도 무슨 말인지, 무슨 제품인지 알 수 있는 단순명쾌한 광고메시지를 만들어야 한다. 소비자는 당신의 광고에 전혀 관심이 없다. 오히려 귀찮아한다.

아이디어는 당신이 구체화하기 전까지는 아무런 가치가 없다. 요소를 많이 쓰건 적게 쓰건 그것들이 결합하여 소비자들에게 강한 메시지 전달효과를 줄 수 있어야 한다. 가장 바람직한 것은 핵심 소비자들이 이익을 알아차리고 미소를 짓거나, 고개를 끄덕거리거나, 혹은 '음……' 하는 반응을 보이게 하는 것이다. 광고인은 밋있는 광고가 아니라, 팔리는 광고를 만드는 사람이라는 것을 잊으면 안 된다. 소비자는 제품을 사는 것이 아니라 이익을 산다는 것도.

아무도 광고를 눈여겨보지 않는다

광고를 열심히 보는 네 그룹이 있다. 광고를 만든 광고인, 광고를 의뢰한 광고주 그리고 광고업계의 사람들이나, 나머지 한

그룹은 광고를 공부하는 학생들이다. 그 외에도 광고를 열심히 보는 사람이 있긴 있다. 그들은 십중팔구 고객이 아닌 백수들이다. 광고를 볼 필요가 없는 사람들이다. 그래도 10년 뒤에는 큰 고객이 될지도 모른다고? 하지만 시대 트렌드를 한 발 앞서 나가면 너무 나갔고, 반 발정도만 앞서 나가야 하는 것이 광고이다.

제품을 구매할 핵심 소비자들은 광고를 보지 않으려 한다. 기피하고 회피한다. 그런 소비자들에게 비상식적인 낯선 메시지로 마음을 바꿀 수 있다고 생각하지 말라. 불가능하다. 처음 본 괴물이 신기하게 보여서 쳐다볼 것이라고? 아니다, 그냥 도망간다. 외면한다. 소비자는 비상식적인 것에는 아예 눈길도 주지 않는다. 안 그래도 머리 쓸 일 많아 피곤한 세상살이인데, 광고를 보고 머리까지 써야 한다고? 싫다, 그딴 것. 광고는 그런 존재이다. 낯설고 새로운 것을 친숙한 것으로 바꾸어야 하는 이유이다. 이를 이질순화(異質淳化)라고 한다. 아무리 어려운 개념도 광고에서는 뇌의 10%, 아니 1%만 사용하고도 무엇을 말하는지 알아차릴 수 있고, 자신에게 이익이 되는지 알 수 있어야 한다. 그렇지 않으면 당신의 제품은 바다 깊숙이 빠져버려 당신도 찾지 못할지도 모른다.

이 지점에서, 광고 아이디어(크리에이티브)라는 것이 비상식적 표현으로 소비자의 눈을 끌어야 되는 것 아니냐고 항변할지 모르겠다. 맞다. 그러나 틀렸다. 아이디어는 상식을 깨는 비상식으로 만들고, 만들어지는 것은 분명하다. 그렇게 만들어진 아이디어는 낯설다. 상식적이지 않다. 이상하고 괴상할 수 있다. 하지만 그 아이디어가 좋은 것이라고 소비자에게 말할 때 낯선 괴물을 그냥 보여 주면, 소비자들은 놀라서 도망가거나 외면해 버린다. 낭패이다. 그러므로 낯설고 새로운 아이디어를 소비자에게 말할 때는 낯설지 않게 상식으로 바꾸어 전달해야 한다. 그래야 상식을 깬 비상식의 낯섦이 소비자의 주의를 끌어 '이게 뭐야? 도대체 무슨 일이 일어나고 있는 거야?'라며 놀라고, 자신에게 이익이 되면 호감, 공감, 감동으로 이어지게 된다.

비상식적인 아이디어가 상식적인 아이디어로 바뀌면 놀라움이 생긴다. 비상식적인 아이디어를 상식적인 아이디어로 바꾸어 소비자들이 주목할 수 있도록 하는 것이 크리에이터의 일이다. 크리에이터의 일은 평범한 것은 낯설게 만들어 신선함을 만들고, 낯선 것은 친근하게 만들어 접근이 쉽게 만드는 일이다. 소비자는 하루에 수천 개의 광고에 공격당하고 있다. 무엇을 말하는지 일순간에 알아채지 못한다면 소비자는 관심을 꺼 버린다. 소비자는 광고 메시지가 자신의 이익과 연결될 때 매력적(신선·독창·창조)이라고 느낀다. 크리에이터는 핵심 소비자의 칵테일파티 효과의 그물에 광고가 걸리도록 만드는 사람이다.

어떤 유형의 비주얼이 효과적인가

비주얼을 선택하는 일이야말로 전체 과정에서 가장 중요한
작업이다. 헤드라인이나 카피만으로도 좋은 광고가 많이 있지
만, 사람들의 눈길을 멈추게 하는 것은 단연코 비주얼 이미지
이다.

전문가들은 평균 이상의 효과를 주는 비주얼의 11가지 유형
에 대해 말한다(Dupont, 1993).

① 제품, ② 제품의 패키지, ③ 제품의 어느 특정한 부분, ④
제품이 사용되는 모습, ⑤ 제품의 사용방법, ⑥ 제품을 사용해
서 얻는 만족감, ⑦ 제품 사용 전과 사용 후의 사진(before and
after), ⑧ 제품을 사용하지 않을 경우에 일어날 낭패, ⑨ 유사한
타사 제품과의 비교, ⑩ (제품에) 관심을 갖고 있는 소비자, ⑪
유머의 이용 등에 관한 것이다. 마지막 한 가지 유머의 이용을
제외한 나머지는 모두 제품과 관련되는 것이다. 그 유머도 제품
과 관련된 유머여야 할 것이다.

광고의 거장 존 케이플스(John Caples)도 그의 저서『검증된
광고제작법(Tested Advertising Methods)』(1974)에서 성공적인
이미지의 네 가지 유형을 제시하였다. ① 제품의 사진, ② 제품
의 사용을 보여 주는 사진, ③ 제품을 사용하는 사람들의 사진,

④ 제품 사용으로 인한 이익을 보여 주는 사진이 그것이다.

효과적인 이미지에 대한 연구 자료는 무궁무진하다. 모든 이야기와 비주얼은 제품과 함께, 제품의 이야기를 찾아야 한다. 제품 알기를 게을리하지 말라. 광고인 제이 챳(Jay Chiat)은 다음과 같이 말한다. "제품이 점차 성장하고 사람들이 그 제품이 무엇인지 알게 됨에 따라 정보보다 이미지가 더 필요해지는 게 사실이다. 사람들은 단순한 텍스트에서 벗어나 시각적 메시지를 더 요구하게 되는 것이다." 어떤 브랜드와 커뮤니케이션할 때 카피로 소통하는 것보다, 그 브랜드의 패키지를 보여 주는 것이 훨씬 효과적이다. 제품의 능력은 비슷비슷해졌을지 몰라도, 제품의 이미지는 다 다르다. 구이도 헤펠스(Guido Heffels)는 "크리에이터는 광고물에 제품을 넣음으로써가 아니라, 소비자의 마음속에 제품을 넣음으로써 돈을 받는다."(Aitchison & French, 1999)라고 말한다. 때로는 컬러나 특정한 장소가 제품의 이미지를 만들어 내기도 한다. 제품을 등한시하지 말라. 답은 여전히 제품 속에 있다. 어쨌든 광고는 제품을 팔아야 하는 것이지, 당신의 멋진 아이디어를 파는 것이 아니다. 그것은 범죄이다.

어떤 유형의 헤드라인이 효과적인가

허버트 크루그먼(Herbert Krugman)의 스타치 조사에 의하면, 소비자의 44%가 광고를 보고, 35%가 식별하며, 9%만이 광고의 텍스트를 반 이상 읽어 본다고 한다. 그러한 과정에서 헤드라인을 읽는 소비자의 수는 보디카피를 읽는 소비자의 수보다 종종 6~7배가 많다. 헤드라인은 중요하다. 존 케이플스가 말하는 평균 이상의 성공을 거두는 5가지 타입의 헤드라인은 다음과 같은 요소를 담고 있다(Dupont, 1993 재인용).

① **소비자 이익**을 약속하는 헤드라인은 가장 많은 상품을 팔 수 있다.
화장품은 라놀린 성분이 든 크림을 파는 것이 아니라 미, 유혹, 젊음을 판다. 남자들은 차를 사는 것이 아니라 지위, 위신, 스피드를 산다.

② **구체적인 방법**을 제시하는 헤드라인은 항상 성공적인 결과를 낳는다.
'부자가 되는 방법' '이성에게 호감을 받는 방법' 등으로 어떤 목표를 달성하기 위한 구체적인 방법을 알려 주는 헤드라인에 관심을 갖는다.

③ 새로운 **소비자 이익**(정보)을 알려 주는 헤드라인은 매우 효과적이다.
평범하지 않은 것, 새로운 정보, 새로운 아이디어, 새로운 방법, 새로운 패키지, 새로운 용기, 새로운 가격, 새로운 크기, 신상품, 신재료, 새로운 맛, 새로운 향, 신기술, 구제품을 새롭게 사용하는 방법 혹은 구제품의

개선 등이 소비자의 이익과 관계될 때 관심을 끈다.

④ **핵심 소비자**에게 초점을 맞춘 헤드라인은 평균 이상의 효과를 거둔다.

클로드 홉킨스(Claude Hopkins)는 "헤드라인은 접근하고자 하는 사람들에게 인사를 하려는 것이다. 이는 '여기 당신을 위한 메시지가 있습니다.'라고 그를 부르는 벨보이와도 같은 것이다."라고 말했다. 예를 들어, 노인에게 광고를 읽히려면 '65세' 혹은 '황금세대'라는 단어를 사용하고, 교육자의 관심을 끌려면 '학교 선생님들'이라는 단어를 넣으라. 탈모로 고생하는 남성들에게 관심을 끌고자 한다면 '탈모'라는 단어를 사용하라.

⑤ **호기심**을 불러일으키는 헤드라인은 일반적으로 효과적이다.

단순한 미끼만으로는 부족하다. 미끼 다음에 소비자에게 실질적인 이익과 도움, 새로운 가치 등의 구체적인 약속을 해야 한다. 성공적인 헤드라인은 언제나 명확한 이익 하나를 약속한다.

카피와 비주얼의 행복한 결혼

시중유화 화중유시(詩中有畵 畵中有詩)라는 말이 있다. 시 속에 그림이 있고, 그림 속에 시가 있다는 말이다. 카피 아이디어는 글로 그리는 그림, 비주얼 아이디어는 그림으로 쓰는 시와 같다. 카피는 그림이 연상되도록 써야 하고, 그림은 메시지를 알 수 있도록 시각화해야 한다.

제1부 아이디어 발상에 들어가기 전에

둘의 역할은 상황에 따라 달라진다. 언제나 카피가 주인공인 것도 아니고, 언제나 그림이 주인공인 것도 아니다. 둘은 서로 보완하는 관계이다. 카피가 주인공일 때는 비주얼이 카피를 보조하여 카피를 돋보이게 하고, 비주얼이 주인공일 때는 카피가 비주얼을 보조하여 비주얼을 돋보이게 해 주어야 한다. 흔히 말하는 카피와 비주얼의 행복한 결혼이란 이런 것이다. 서로 돋보이려고 서로 날뛰면 메시지는 난장판이 된다.

그럼에도 불구하고 대체로 아이디어는 카피가 먼저 있고 비주얼이 나중인 경우가 많다.

- 순간의 선택이 10년을 좌우합니다: 상품선택의 중요성
- 산소 같은 여자!: 맑고 깨끗한 피부
- 아버님 댁에 보일러 놔 드려야겠어요: 효심
- 그녀의 자전거가 내 가슴 속으로 들어왔다: 청춘의 사랑
- 열심히 일한 당신, 떠나라: 휴가
- 골라 먹는 재미가 있다: 다양한 맛
- 같은 모습으로 살지 않는다: 새로운 나
- 침대는 가구가 아닙니다. 과학입니다: 침대의 전문성
- 니들이 게 맛을 알아?: 게 속살로 만든 진짜 게 맛
- 우리 것은 소중한 것이야: 애국심
- 자연은 일회용이 아닙니다: 자연의 소중함
- 음주운전은 눈을 감고 운전하는 것과 마찬가지입니다: 음주운전의 위험성

사족 하나

요즘 광고 중에는 성적 어필을 하는 광고가 많다. 주로 모델의 성을 판다. 누가, 누가 더 성적 어필을 과도하게 할 것인지에 대한 경연장 같다. 주의집중(attention getting)을 위해서이다. 전혀 성(性)과 관련 없는 제품인 치킨, 알바, 전자, 일반 소비제품을 가리지 않고 성을 판다. 어떤 제품이든. 점입가경이다.

소비자 행동을 연구하는 다니엘 하워드(Daniel Howard) 박사는 말한다. "성적인 광고는 확실히 대중의 관심을 끈다. 그러나 성적인 광고가 성공하는 것은 광고하는 제품이 성과 관련되었을 때뿐이다. 오히려 부정적인 결과에 이를 때도 있다. 소비자의 관심을 끄는 것이 바로 구매와 연결되는 것은 아니다." (Dupont, 1993)

성적 어필을 하는 광고가 사람들에게 눈요깃감을 제시하며 기분은 내지만, 실제로 효과로 이어지는 경우는 별로 없다. 현란한 기술로 먹음직스러운 찐빵은 만들었지만, 결국 앙꼬 없는 찐빵 같은 광고를 만들어 광고주에게 피해를 준다. 다 제품 알기를 등한시한 탓이고, 제품이 아닌 엉뚱한 것으로 쉽고 얄팍하게 승부를 보려 했기 때문이다. 광고주도, 광고인도 광고를 왜 하는지 그 목적을 잊어버리고, 성적 어필을 해서 얼렁뚱땅

눈에 띄는 광고를 만들어 놓고 숙제를 끝낸 것으로 생각하는 경향 때문이다. 구매로 이어질 리가 없다.

사족 둘

　광고계에는 광고주를 '주님' 또는 '느님'이라고 농담인 척 말하는 경우가 있다. 나는 이 말을 매우 싫어한다. 나는 아직도 왜 그들이 주님이고 느님인지 이해할 수가 없다. 그들의 물건을 팔아 그들을 부자로 만들어 주는 사람은 광고인이지 않은가. 광고인은 100원을 받아서 광고주에게 1,000원 이상의 이익을 안겨 주는 사람이다. '주님'이나 '느님'은 광고주가 아니라, 광고인이 광고주로부터 들어야 하는 말이지 않은가. 당신이 광고인이라면 오늘 지금 이 순간부터 그 따위 소리는 입에 올리지 말기를 부탁한다. 그렇게 말하면 우리의 뇌는 그렇게 행동한다. 이미 말이 씨가 된 지 오래지만.

　참, 광고인이 '주님'이 되고 '느님'이 되는 방법이 있다. 광고주의 물건을 많이 팔아 주면 된다. 그것만 하면 된다. 광고가 꼭 문화가 되거나 예술이 되지 않아도 상관없다. 물건을 많이 팔면 광고주가 당신을 그렇게 부를 것이다.

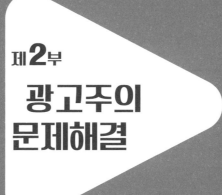

효과적인 아이디어 발상법
I CAN DO

제**2**부
광고주의
문제해결

넓게 배우고 깊이 공부하는 것은
반대로
간략히 설명하기 위해서이다.

−맹자−

좋은 광고란

① **좋은 광고(good ad)**는 판매를 일으켜 광고주를 만족시키는 광고이다.

② **더 좋은 광고(better ad)**는 광고주도 만족시키고 소비자에게 이익을 주는 광고이다. 광고주는 애초의 목적인 판매를 이루어서 좋고, 소비자는 원했던 제품을 적절한 시기, 장소, 가격으로 구매해서 좋다.

③ **가장 좋은 광고(best ad)**는 광고주도 만족하고, 구매한 소비자도 만족하고, 고객이 아닌 일반 사람(잠재고객 포함)도 만족시켜 세상에 선한 영향을 끼치는 광고이다.

만약 ①의 조건을 만족시키지 못하면서 ②, ③의 조건을 만족시켜 소비자들에게 이익을 주고, 세상에 선한 가치를 퍼트려, 세상에 선한 영향을 준다 하더라도 좋은 광고라 할 수 없다. 그것은 위험하다. 계약 위반이다. 광고주가 애초에 광고를 시작할 때 세상을 바꾸는 것이 목표가 아니었고, 물건을 파는 것이 목표였기 때문이다. 만약 애초에 광고주의 요구가 세상에 선한 영향을 끼치고자 했다면 물건을 판 것이나 마찬가지이니 나쁘다 할 수 없다. 어쨌든 광고는 물건을 팔아야 한다. 그렇지 않으면 소비자에게 이로운 광고도, 선한 광고도, 세상 모든 사람들이 좋아하는 광고라 할지라도 좋은 광고라 할 수 없다. 나는 그것을 범죄라고까지 생각한다.

광고는 ①의 조건인 광고주가 요구한 문제(광고 목적)를 해결하는 일이다. 요즘같이 기술의 평준화가 이루어져 제품 간 차이가 거의 없어진 상황에서 ①의 조건을 해결하기 위해 광고는 '선한 가치, 선한 문화, 선한 세상' 콘셉트를 끌어들여 아이디어로 만든다. 실제로 선한 광고는 매출에 영향을 준다. 그 행위가 진심일수록 매출에 더욱 영향을 준다. 지극히 양심적인 광고가 효과를 발휘한다. 물론 얄팍한 잔머리를 굴려 진정성이 결여되면 소비자들은 알아챌 것이다. 소비자는 속지도 않겠지만 오히려 크게 화낼지도 모른다. 선한 일일수록 진정성 있게 할 때 사람들이 알아 준다. 어쨌든 ①, ②, ③의 조건을 다 충족시키는 광고는 제품을 상품으로, 상품을 브랜드로, 브랜드를 이 세상 무엇과도 대체할 수 없는 러브마크(love mark)로 만들 것이다. 러브마크는 그 제품의 고유성을 인정받은 것이다.

좋은 광고표현의 조건 5가지

① **눈에 띌 것**: 많은 정보 속에서 눈을 끌어당기는 것. 이것이 광고의 최우선 과제이다.

② **다른 것과 차별화될 것**: 새로운 것, 한 번도 보지 못한 것을 만들고 싶다.

③ **알기 쉬울 것**: 당연한 일이지만, 이것이 결코 당연한 일이 되지 않는 현

실이다.

④ **기획이나 상품의 시즐(sizzle)이 살아 있을 것**: 아무리 눈에 띄고 새롭다
하더라도 이 점이 결여되면 허사로 돌아간다.

⑤ **상품이 주인공이 되어 실제로 움직일 것**: 이것이 광고의 출발이고 끝이
다. 광고의 목적이고 모든 것이다. 그러나 일반적으로 광고제작에만 신
경을 쓰고. 이 점을 중요하게 생각하지 않는 크리에이터가 의외로 많다.

일본의 아트디렉터 오누키 타쿠야(大貫卓也)의 견해이다(김
규철, 2013a). 나도 100% 동감한다. 좋은 광고표현의 조건은 수
없이 많겠지만, 이것 하나만 제대로 알고 있어도 충분하다고
생각한다.

광고주의 문제

디지털 시대, 개인커뮤니케이션이 주류를 이루는 포노 사피
엔스(Phono Sapiens) 시대이다. 소셜 미디어가 주도하는 디지
털 시대의 특징은 혼자 외따로 떨어져 있는 개인이라 할지라
도, 기존 거대미디어의 도움 없이도, 어떤 회사의 명성에 치명
상을 입히거나, 어떤 만족감을 널리 확산시킬 수 있는 기회가
많은 세상이다. 디지털 광고 플랫폼에서 인공지능과 빅데이터

가 일상화되었고, 디지털 알고리즘을 이용하면 쉽게 개인별 타기팅(targeting) 광고를 할 수 있게 되었다. 하지만 소비자도 똑똑해져서 더 이상 광고주에게 설득당하지 않는다. 호락호락하지 않다. 이제 소비자는 자신의 이익과 관계되는 것에만 주체적으로 반응한다. 자신의 이익과 관계없으면 사정없이 관심을 꺼 버린다. 디지털 알고리즘도 어쩔 수 없다. 그들은 이미 무리지어 다니며 남의 눈치를 보는 대중이 아니다. 얕잡아보면 안 된다.

20세기 기술혁명시대에서 21세기 디지털혁명시대에 이르기까지 브랜드는 항상 제품에 가치를 더해 왔다. 기술을 기반으로 한 성분 중심의 브랜드(ingredients brand)에서 삶의 문제에 대한 해결책 중심의 브랜드(solution brand)로 변하는 것이 세계의 흐름이다(Michael, 2003). 제품력(product power)의 시대에서 가치력(value power)의 시대로 바뀌었다. 이는 트레이드마크(trade marks)의 시대에서 러브마크(love marks)의 시대로 전환되었음을 말해 준다. 이러한 변화가 믿을 수 있는 이유(RtoB)를 제공해야 하는 시대에서 공유할 수 있는 이유(RtoS)를 제공해야 하는 시대로 바꾼 것이다.

오늘날 광고주의 문제는 복잡해졌다. 소비자들은 다 알지만 광고주 자신은 모르는 문제가 있고, 작은 회사 애플이 골리앗 IBM PC에 대항해야 하는 문제도 있고, 박카스처럼 노쇠한 브랜드에 생기를 불어넣어야 하는 경우도 있다. 화학조미료 시장 싸움에서 철저하게 패배하자, 그 자구책으로 화학조미료 시장에서 천연조미료 시장으로 싸움의 장소를 바꾸어 문제를 해결해야 하는 경우도 있다. 광고주의 문제는 광고주의 수만큼 존재한다. 아니 그 2배, 3배, 아니 그 이상의 문제가 존재한다. 광고에서 크리에이티브는 그 문제들의 최종적인 해결책을 찾아내는 일이다. 광고 크리에이티브가 까다로워진 이유이기도 하다.

광고주의 문제, 문제점, 문제해결이란 다음과 같다.

① '문제'란 목표와 현상의 차이(gap)로서 '해결을 필요로 하는' 사항을 말한다.
② '문제점'은 문제 발생의 원인 중에서 '개선이나 조정이 가능한' 요소를 말한다. 개선이나 조정이 가능하지 않은 것은 문제점이 아니다.
③ '문제해결'이란. '목표와 현상의 차이를 해소'하기 위한 대책을 말한다. 분명한 목표에 의한. 상황파악과 원인분석이 필요하다.

좋은 제품은 문제점을 찾아서 문제해결을 하면 팔리게 할 수 있다. 하지만 나쁜 제품을 잘 팔리게 하는 것은 불가능하다. 해서도 안 될 일이다. 그것은 광고의 문제가 아니므로 광고로 문제해결을 할 수 없다. 크리에이터의 일이 아니다. 만약 그것을 팔리게 만든다면 범죄가 되고 광고인의 존재이유도 없어진다. 광고주를 '주님'이라 부르면서 '을'로 살아가야 한다. 광고에서 광고수의 문세는 광고목표이다.

광고주의 문제인 광고목표 예시

- 신규고객 유인
- 새로운 세대의 고객 유인
- 새로운 시장 진출
- 사용빈도 증대 유도
- 새로운 용도 제안
- 새로운 사용 기회 제안
- 새로운 요소 소개
- 신규고객 창출
- 판매증대
- 대체구매 빈도 제고
- 구매시즌의 연장
- 브랜드 스위칭 유도
- 브랜드 통합관리
- 단점의 장점화
- 우위 이미지 창출
- 우위 이미지 제고 유지
- 낡은 요소의 일신(renewal)

- 회사탄생 소개
- 새로운 사명 소개
- 관련 산업의 성장 촉진
- 리포지셔닝(repositioning)
- 경쟁사 추월
- 전문가의 승인이나 추천 획득
- 전문가의 승인이나 추천 유지
- 영업 생산성 증대 독려
- 판매 우위점 개발
- 프로모션 지원
- 영업팀 지원
- 사내임직원 사기 앙양
- 연구조사 수행
- 브로슈어와 보고서의 제공
- 어떤 주장에 대한 뒷받침
- 어떤 주장에 대한 반대
- 비우호적인 언론기사에 대한 대항
- 신속한 발표

앞의 광고목표 예시들(김규철, 2013a)이 구체적인 수치를 이용하여 분명하게 제시될 때 해결책도 분명해진다. '브랜드 인지도 20% 증가' '광고회상도 80% 달성' 등으로 효과를 측정할 수 있어야 하고, 도달 가능한 범위 내에서 설정되어야 한다. 구체적이지 않은 광고목표는 엉뚱한 답을 내게 되어 문제해결을 방해한다. 어떠한 경우든 광고목표는 구체적일수록 좋다. 가능하면 수치로 나타낼 수 있는 것일수록 좋다.

문제해결을 위한 상황분석

상황분석은 '무엇을, 어떻게, 왜, 누가'의 4가지 측면과 '언제, 어디서'의 2가지 측면으로 나누어 생각할 필요가 있다. '무엇을, 어떻게, 왜, 누가'의 질문에서는 제품과 관련된 '시장분석, 제품분석, 소비자분석'에 대한 내용을 파악하는 것이 주된 내용이다. '언제, 어디서'의 질문에서는 '경쟁'과 '트렌드(시대정신)'에 대한 내용을 파악하는 것이 주된 내용이다. 이를 그림으로 나타내면 [그림 2-1]과 같다. 큰 축은 좌측의 제품과 브랜드, 우측의 경쟁과 시대정신 사이에서 6하 원칙이 고려된다. 6하 원칙을 중심으로 위쪽은 광고기획 과정과 관련되고, 아래쪽은 크리에이티브 과정과 관련된다.

광고주가 주장하는 소비자 혜택(USP)							
제품, 브랜드	기획: 광고 콘셉트						경쟁, 시대정신 (트렌드)
	무엇을 (what)	어떻게 (how)	왜 (why)	누가 (who)	언제 (when)	어디서 (where)	
	제작: 표현 콘셉트						
소비자가 느끼는 소비자 이익(ESP)							

[그림 2-1] 문제해결을 위한 상황분석도

상황분석은 앞의 그림에 기반해 이루어진다. 그 순서 및 각 과정에서 점검하고 수행해야 할 사항들은 다음과 같다.

① 시장분석을 통해 광고목표 달성을 위한 **문제점을 점검**하고,
② 경쟁분석을 통해 광고목표 달성을 위한 **문제점을 찾고**,
③ 자사 제품분석을 통해 광고목표 달성을 위한 **소비자 이익을 찾고**,
④ 고객 분석을 통해 광고목표에 맞는 **인사이트(insight)를 추출**하게 된다.

광고목표 달성이라는 광고주의 문제는 상황분석을 통해 문제해결의 단초인 USP(Unique Selling Proposition)가 만들어진다. 특히, 소비자 인사이트는 USP를 ESP(Emotional Selling Proposition)로 바꾸는 데 결정적인 역할을 한다. 여기서 USP와 ESP에 대해 다시 말하면, USP는 광고주가 주장하는 소비자 혜택 측면이고, ESP는 소비자가 원하는 소비자 이익 측면이다.

이 둘은 같은 것이지만 관점은 정반대이다.

크리에이터에게 소비자 분석은 설득에 기반한 USP를 소비자와 대화하고 공감할 수 있는 ESP로 바꾸는 과정이다. 대화와 공감은 소비자의 마음을 여는 과정이고, 소비자의 생각과 행동, 소비자의 진심과 허심을 찾아 그들의 어법에 맞는 아이디어를 찾는 과정이다.

광고현장에서의 정상적인 프로세스는 USP를 마케팅이나 기획에서 추출하고, ESP는 크리에이티브 팀에서 추출하는 것이지만, 이것이 지켜지는 경우는 별로 없다. 기획과 크리에이티브 팀이 합심하여 USP를 찾기도 하고, ESP를 찾기도 하는 것이 현실이다.

크리에이티브 브리프에 담겨야 할 ESP

마이클 뉴먼(Michael, 2003)은 그의 책 『잘나가는 광고 만들기(Creative Leaps)』에서 다음과 같이 말한다.

거리의 꽃장수가 '발렌타인데이'에 시드니의 '서큘라 퀘이'에서 꽃을 팔고 있는 모습을 보았다. 그녀 앞에는 분필로 '낮에는 꽃을, 밤에는 불꽃놀이를' 이라고 적혀 있는 광고판이 세워져 있었다. 그녀는 전문 광고인보다 훨씬 전문적이고 정통한 마케팅 방법을 보여 주었다. 꽃장수는 사람들이 오늘, 상품 이상의 것을 필요로 하고 있다는 것을 알고 있었다. 그것은 바로 사람과 사람을 연결하는 감성적인 아이디어였다. 감성적 아이디어는 대단한 의미를 전달하기보다 고객들의 머릿속에 미미한 전기 충격을 주는 기쁨과 그저 입가에 미소를 짓게 할 수 있는 것, 그리고 고객들을 당신의 브랜드로 향하게 만들 수 있는 것이다.

꽃장수는 꽃의 장점(USP)을 말하지 않고, 꽃이 주는 소비자 이익(ESP)에 대해 약속하였다. 크리에이티브 브리프는 이를 위한 것이라는 점을 전제로 출발해야 한다. 시대가 바뀌어도 여전히 광고의 핵심은 소비자 이익에 대한 약속이다. 그 약속이 이성에 부합하면 고개를 끄덕이는 것으로 끝나지만, 감성에 부합하면 커다란 약속이 되어 감동으로 이어진다. 마케팅 전략도, 크리에이티브 전략도 한 장의 브리프로 정리되어야 한다.

마이클 뉴먼(2003)은 크리에이티브 브리프에는 광고주가 당면한 문제를 해결할 수 있는 내용을 담아야 하고, 이는 정보에 관한 것이라기보다 오히려 영감에 관한 것이어야 한다고 말한다. 크리에이티브 브리프는 광고가 광고주의 문제를 확실하게 해결할 수 있는 확신을 공유하는 과정이다. 광고주와 광고회사, 기획과 제작팀 그리고 관련 부서 간 작성하는 계약서와 마찬가지이다. 브리프에 기술하는 광고전략과 표현 콘셉트 등은 짧고 직접적이고 단순하게 기술하여 서로 간의 혼란을 방지해야 한다. 브리프는 광고표현 방향을 공유하기 위한 것이지 표현 아이디어는 아니다.

크리에이티브 브리프는 ESP의 관점에서 작성되어야 한다. 문제가 무엇인가? 그 문제는 왜 일어났나? 우리는 어떻게 소비자와 공감하여 문제를 해결할 것인가에 대한 방향을 말하는 것이다. 브리프에는 광고주의 문제해결을 위해 제시하는 USP를 소비자는 왜 '공감해야' 되는지 물어봐야 한다. 즉, ESP에 초점을 맞추어야 하는 것은 수십 번을 강조해도 충분하지 않다. 크리에이티브 브리프에서 톤앤매너(Tone & Manner)의 설정이 중요한 이유이다. 톤앤매너는 광고의 말투와 같다. 아무리 훌륭한 메시지라도 불손한 말투로 말한다면 그 내용은 아예 듣지도 않는 것이 사람이다. 톤앤매너를 우습게 보지 마시라.

크리에이티브 브리프에서 고려해야 할 6가지 요소

1) 광고목표

광고주의 문제를 어떻게 해결할 것인가? 광고가 어떤 일을 해야 하는지, 해낼 수 있는지 광고목표를 구체적이고 명백하게

확인하는 일이다. 광고목표가 분명하지 않으면 문제를 해결할
수 없기 때문이다.

2) 광고배경 및 조건

광고주의 문제가 무엇이고, 어떤 광고를 만들 것인가? 광고
배경이 되는 '무엇을, 어떻게, 왜, 누가?'의 측면에서의 문제점
파악과 '언제, 어디서'의 경쟁적 관점과 트렌드의 관점에서 문
제해결의 단초를 마련하게 된다.

3) 핵심 소비자

그 문제를 누구를 통해 해결할 것인가? 핵심 소비자를 제품
과 관련하여 정의하고, 그 소비자 프로파일을 구체적으로 작성
하는 일이다. 소비자 프로파일을 구체적으로 작성할수록 빅 아
이디어를 발견할 가능성이 높아진다. 실제로 아이디어는 소비
자 프로파일 속에 대부분 들어 있다.

4) 단일 집약적 제안점(SMP/ESP)

핵심 소비자를 행동하게 하는 요소는 무엇인가? 소비자 이
익이 단 하나로 집중된 단일 집약적 제안점(Single Minded

Proposition: SMP)은 소비자 이익으로 시작하든, 소비자의 흥미를 유발하든, 무엇으로든 소비자 공감을 이끌어 내는 것이면 된다. 이러한 인사이트를 발견하는 것이 크리에이티브 브리프에서 가장 중요하다.

5) 근거

그 이유는 무엇인가? 제안점에 대한 입증이다. 입증은 꼭 과학적인 데이터만을 의미하지 않는다. 이성적이고 상식적인 사람들이 납득할 수 있는 것이면 된다. 핵심 소비자의 납득이 가장 중요하다.

6) 의도하는 브랜드 이미지

최종적으로 핵심 소비자에게 무엇을 남길 것인가? 소비자들이 광고를 보고 나서 그 브랜드에 대하여 어떤 느낌을 갖게 되기를 원하는가에 대한 기대치를 기술하는 일로 광고의 톤앤매너를 결정하는 일이다. 이 과정에서 광고의 캐릭터(character)가 결정되고 만들어진다. 대부분 브리프를 작성할 때 이 부분을 등한시하는 경우가 많은데, 매우 중요하다. 아무리 좋은 ESP도 톤앤매너에 맞지 않으면 무용지물이 되어버린다. 아무것도 기억되지 않으면 무슨 소용이겠는가.

세계 광고회사들은 나름대로의 브리프를 갖고 있다. 애드 브리프(ad brief)도 있고, 크리에이티브 브리프(creative brief)도 있다. 다음을 인터넷 등에서 검색하여 참고하면 브리프를 이해하고 작성하는 데 도움이 될 것이다.

- Y&R creative work plan(CWP)
- Saatchi & Saatchi creative brief
- Gray 大廣 Creative Approach Sheet
- The Leo Burnett Strategy Worksheet
- Bozell Creative Strategy brief

크리에이터는 문제해결자이기도, 문제발견자이기도 하다

광고 크리에이터는 광고주로부터 주어진 문제를 해결하는 문제해결자의 입장일 경우가 있고, 광고주로부터 문제가 주어지지 않고 광고회사에서 광고주를 진단하여 문제와 문제점을 발견해서 해결점을 광고주에게 제시해야 하는 문제발견자로서의 입장도 있다. 광고 크리에이터 앞에 놓인 모든 문제는 이 두 가지밖에 없다. 대부분의 경우 크리에이터는 문제를 찾아야 하는 문제발견자의 역할보다, 주어진 문제를 해결하는 문제해결자의 역할인 경우가 많다. 크리에이터가 문제해결자의 역할을 할 경우에는 방법에 대한 '어떻게(how)'의 질문이 중요하다. 관련 사례를 분석할 때도 '어떻게'의 관점으로 분석하는 것이 효과적이다. 문제발견자의 역할을 해야 할 경우에는 '왜(why)'와 같이 근본적인 질문이 중요하다. 관련 사례를 분석할 때도 '왜'의 관점으로 분석하는 것이 효과적이다.

광고주의 문제는 수많은 형태가 있다. 광고주의 문제를 제품의 성장주기에 빗대어 이야기하면 다음과 같이 말할 수 있다. 광고주의 문제가 단순히 '제품' 상태에 있는 단계라면 그 제품을 소비자가 구매할 수 있는 상품으로 만들어야 하고, 광고주의 문제가 '상품' 상태에 있다면 소비자가 갖고 싶어 하는 의미 있는 브랜드로 만들어야 하고, 광고주의 문제가 '브랜드' 상태에 있다면 소비자가 의미를 넘어 그것이 아니면 안 된다고 고집할 수 있는, 즉 대체할 수 없는 '러브마크'의 상태로 만들어야 한다. 크리에이터는 광고주가 제시한 문제의 상황에 맞는 아이디어로 문제를 해결해야 한다. 너무 당연한 이야기이지만 이것이 제대로 지켜지는 경우는 별로 없는 것이 현실이다.

문제해결자일 때와 문제발견자일 때의 일의 순서는 조금 다르다.

1) 문제해결자 관점: 광고목표가 주어졌을 때

① 광고목표: 광고주의 문제는 무엇인가?

② 언제, 어디서 경쟁하고, 무슨 가치로 해결해야 하나?

③ 문제와 관련하여 핵심 소비자는 무엇을, 어떻게, 왜 하는가?

④ USP/ESP: 핵심 소비자가 행동하는 이익(가치)은 무엇인가?

⑤ 근거: 그 이유는 무엇인가?

⑥ 어떤 톤으로 말할 것인가?

⑦ 의도하는 브랜드 이미지: 광고목표 달성 이후의 기대결과는 무엇인가?

2) 문제발견자 관점: 광고목표를 (광고회사가) 찾아야 할 때

① 언제, 어디서 경쟁하고, 무슨 가치가 서로 충돌하고 있는가?

② 문제와 관련하여 핵심 소비자는 무엇을, 어떻게, 왜 하는가?

③ USP/ESP: 핵심 소비자가 행동하는 이익(가치)은 무엇인가?

④ 근거: 그 이유는 무엇인기?

⑤ 광고목표: 광고주는 무엇을 달성해야 하는가?

⑥ 어떤 톤으로 말할 것인가?

⑦ 의도하는 브랜드 이미지: 광고목표 달성 이후의 기대결과는 무엇인가?

효과적인 아이디어 발상법
I CAN DO

제**3**부
아이디어
발상

몇 달이고 몇 년이고 생각하고 또 생각했다.
그러다보니 99번은 틀리고
100번째 이르러서야 비로소 맞는 답을 찾아냈다.

－아인슈타인－

아이디어를 발상하기 전에

광고가 아무리 독창적이고, 재미있고, 감동적이고, 관련성 있게 만들어졌다 해도, 또 아무리 사회문화적으로 큰 반향을 일으켜 온 나라가 뒤집어진다 해도, 판매에 기여하지 못하면 (브랜드에 도움을 주지 못하면) 창의적인 광고가 아니다. 좋은 광고도 될 수 없다.

2010년 우리나라 공익광고 중 '부모와 학부모'에 관한 광고가 있었다. 사회적으로 큰 반향이 있었다. 항의와 비판, 공감과 응원도 많았던 광고이다. 카피 내용은 다음과 같다. "부모는 멀리 보라 하고, 학부모는 앞만 보라 합니다. 부모는 함께 가라 하고, 학부모는 앞서 가라 합니다. 부모는 꿈을 꾸라 하고, 학부모는 꿈 꿀 시간을 주지 않습니다. 당신은 부모입니까? 학부모입니까?" "부모의 모습으로 돌아가는 길, 참된 부모의 시작입니다." 카피 내용이 듣기에 따라 불편한 점도 있지만 틀린 말은 없다. 주옥같은 말이다. 감동적이기까지 하다. 그런데, 다른 모든 논쟁은 열외로 하고, 이 광고는 광고의 원래 목적인 학부모의 마음을 바꾸었을까? 나는 한 명도 바꾸지 못했을 것이라 단정한다, 그렇다면 이 광고는 좋은 광고라 할 수 있는가, 또 창의적인 광고라고 할 수 있을까? 나는 전혀 아니라고 생각한다. 이건 깡고가 광고를 공허하게 만든다. 광고인도, 크리에이터도.

데이비드 오길비(Ogilvy, 1985)도 "팔리지 않는 광고는 창의적인 것이 아니다. 광고주가 우리에게 돈을 지불하는 이유는 우리의 독창성과 천재성이 발휘되는 것을 보기 위함이 아니라, 자신의 제품을 팔기 위함이다. 종이에서 튀어나와 제품을 파는 것이 창의적인 것이다."라고 했다. 클로드 홉킨스(Claude Hopkins)는 '팔지 못하는 광고는 쓰레기'라고까지 말한다. 나는 그의 의견에 100% 동의한다. 팔리는 광고, 즉 문제를 해결하는 광고가 창의적이고, 좋은 광고이다.

구글은 수천 개의 온라인 동영상광고를 분석하여 효과적인 광고 아이디어를 만들 수 있는 ABCD원칙을 제시했다. 광고효과를 높일 수 있는 방법은 관심유도(A: Attract), 브랜드 소개(B: Brand), 연결고리 형성(C: Connect), 최종적으로 행동유발(D: Direct)로 이어지는 순서로 헬러(Haller)는 정리했다(김병희 외, 2022 재인용).

풀어 쓰면 효과적인 아이디어는 먼저 매력적인 것으로 소비자의 관심을 유발하고, 그 관심에 힘입어 소비자는 브랜드가 자신에게 이익이라는 것을 알게 하고, 브랜드와 소비자와의 연결고리를 만들어, 최종적으로 구매로 이어지도록 하는 것이라고 말한다. 여기서 가장 중요한 포인트는 첫 장면의 매력성(Attraction) 유발이다. 매력적이지 않으면 관심도, 주의도 끌 수 없다. 즉, A에서 실패하면 B, C, D로의 넌설은 아예 기대한 수 없다. 이는 온라인상에서 효과적인 유튜브 동영상 제작을 위한 원칙으로 만들어졌지만, 디지털 시대의 모든 광고 매체의 크리에이티브에 공통적으로 적용될 수 있다.

(매력적) 관심유도	브랜드 소개	연결고리 형성	행동유발
(A: Attract)	(B: Brand)	(C: Connect)	(D: Direct)

[그림 3-1] 온라인 동영상 광고의 효과 과정

광고는 광고목적인 판매에 기여하기 위해 매력적으로 만들어져야 한다. 관심을 끌어야 광고목적에 대해 겨우, 슬쩍 말할 수 있는 기회를 얻게 되어 다음 단계로 이어진다. 왜 관심을 끌어야 하는지를 잊어버리면 엉뚱하게도 남의 다리를 긁게 된다.

다시, 창의(크리에이티브)란 무엇인가

무엇이건,
고치고 또 고치기를 반복하는 힘이 창의력이고,
수정·반복하는 행위가 창의적이며,
수정·반복하고자 하는 태도(의지)가 창의성이다.
또한
수정·반복하는 사람이 창작자이다.

왜 수정·반복이 중요하냐 하면, 수정·반복을 통해 문제에 대한 많은 데이터를 갖게 되고, 수정·반복을 통해 문제를 푸는 기술(skill)이 향상되기 때문이다. 데이터가 많은 사람이 기술을 갖게 되면 빅 아이디어를 얻게 된다. 이처럼 창작자는 끊임없는 정신노동과 육체노동을 함께 하는 사람이다. 창작자의 긍정적인 태도가 동반된 창의적 노동이 빅 아이디어를 발견한다.

창의적이 되기 위해, 빅 아이디어를 발견하기 위해 '상자 밖으로 나가라'고 말한다. 맞는 말이지만 조건이 따른다. 책상 위에서건 어디서건, 즉 상자 안에서의 지독한 정신노동과 육체노동이 없다면, 상자 밖으로 나가봤자 아무것도 발견하지 못한다. 문제의 끈을 놓아 버리고 상자 밖으로 나가면 그냥 헤맨다. 헛소리이다. 아르키메데스의 '유레카'가 그냥 목욕물에 발을 담그다가 퍼뜩 떠오른 아이디어가 아니라는 것을 당신도 나도 알고 있지 않은가? 그런 일은 없다. 간혹 어쩌다가 노동 없이 아이디어를 발견하는 경우도 있다. 그것은 로또 맞는 확률과 비슷하다. 사고이고 예외일 뿐이다. 당신이 그 예외를 꿈꾸며 일하는 비운의 주인공이 되지 않기를 바란다. 문제도 풀지 못할뿐만 아니라 인생도 망가진다.

아이디어를 얻기 위해서는

인류가 태어난 이래 지금까지 계속되고 있는 불변의 진리는 '내가 하고 싶은 말을 상대방이 듣고 싶게 말하는 것'이다. 내가 아무리 좋은 아이디어를 갖고 있어도, 상대방이 들어주지 않으면 무용지물이다. 쉽게 말하고 듣고 싶게 말하는 것, 그것이 창의적 소통이고 커뮤니케이션이다. 그러니 듣고 싶게 말하는 것이 아이디어이다.

창의적인 아이디어는 '낯설게 만들기(unexpected)'에서 출발한다. 광고에서 낯설게 만들기의 목적은 제품을 잘 보이게 하는 것이고, 메시지를 잘 보이게 만들기 위한 것이다. 나아가 소비자의 관심을 끌어 호감을 얻고, 믿음을 주어 소비자와 좋은 관계를 맺기 위해서이다. 낯설게 만들기가 아이디어가 되는 이유이다.

크리에이터들은 낯설게 만드는 요소를 발견하기 위해 끊임없이 상상한다. 상상은 상식을 깨 가면서 하는 것이고, 소통은 상식에 맞춰서 하는 것이다. 바꿔 말해서, 상상은 4차원, 5차원으로 내 마음대로 하더라도, 그 상상한 결과물을 누군가와 소통할 때는 상대방의 상식에 맞추어 소통해야 한다. 여기서 말하는 상식은 '나도 알고 상대방도 아는 것'이다. 상대방이 초등학생이면 초등학생에 맞게, 대학생이면 대학생에 맞게, 전문가이면 전문가에 맞게 소통하는 것이다. 나만 아는 것으로 말하면 소통이 아니라 폭력이 된다.

예를 들어, 상식을 깬 상상으로 좋은 아이디어를 얻었다고 하자. 그것은 나에게는 특별한 아이디어이지만, 상대방의 입장에서는 낯선 아이디어이다. 당황스러울 수 있다. 이런 상황에서 상대방에게 나의 특별한 아이디어를 전달하고 싶다면 상대방이 알아듣도록 상식적으로 말해야 한다. 그래야 알아듣고, 이해하고, 동감하고, 감동에까지 이를 수 있다. 특별한 아이디어로 인정받을 수 있다. 상식을 깬 낯선 상상이 상식으로 소통되면 빅 아이디어가 될 수 있다. 낯설지만 알기 쉽고 매력적인 것, 그것이 빅 아이디어가 되는 이유이다. 만약 상식적인 소통을 하지 못하면 당신은 아이디어가 없는 것이다.

다음은 그림을 수련하고 품평하는 4단계이다. 능ㆍ묘ㆍ신ㆍ일(能ㆍ妙ㆍ神ㆍ逸)의 단계이다. 이는 그림을 수련하는 단계이기도 하고, 그림을 품평하는 단계이기도 하다. 그러나 광고 아이디어를 발상하고 판단하는 4단계 또는 4종류라고 생각해도 무리가 없다. 즉, 아이디어를 발견하는 과정은 4단계의 순서로 이루어지지만, 광고 아이디어는 각 단계의 우열이 있는 것이 아니고, 4가지 방식이 있다는 것으로 말하고자 한다. 살펴보자.

① 일단 무엇이든 표현하고 싶은 것을 많이 그리고, 수정·반복을 꾸준히 하는 것만으로도 일정한 수준에 도달할 수 있게 된다. 그리고자 하는 대상 (문제)을 제대로 잘 표현할 수 있게 된다는 말이다. 주어진 문제를 많이 풀어 보는 것만으로도 능수능란해질 수 있다. 그것으로 충분히 좋은 작품이 가능하다. 능품(能品)의 단계이다. **이 단계에서도 걸작 광고를 만들 수 있다.**

② 그림을 그리다 보면 자연히 막히는 부분이 생기게 된다. 왜 잘 안 그려지는지 막히는 부분을 풀기 위해 책을 보면 왜 막혔는지 이유를 찾을 수 있다. 책을 읽고 이것저것 궁리하는 과정에서 문제(대상)에 담긴 핵심 의미를 찾아낼 수 있게 되어 막혀서 가려웠던 곳이 시원해질 수 있다. 문제 속에 담겨 있는 드라마를 찾아낼 수 있다. 여러 자료를 보면서 '왜?'라는 질문을 통해서 주어진 문제 속에 담겨 있는 의미와 가치를 발견하는 단계이다. 묘품(妙品)의 단계이다. **이 단계에서도 걸작 광고를 만들 수 있다.**

③ 그다음 다른 사람들이 만든 것을 많이 보면서 배우고 느끼면 문제(대상)의 본질에 대한 이치를 알 수 있게 된다. 다시 말해, 문제에 담긴 핵심을 통찰할 수 있게 되는 것이고 또한 그것을 표현할 수 있게 된다. 결국 아이디어는 많이 해 보고, 많이 읽고, 많이 보는 과정을 통해 점점 더 나은 아이디어로 나아가게 된다. 신품(神品)의 단계이다. **이 단계에서도 걸작 광고를 만들 수 있다.**

④ 마지막으로, 그 아이디어에 나의 정신, 나의 관점, 나의 스킬을 더하면 나의 스타일이 만들어지게 되어 '나를 표현'하게 된다. 즉, 작품에 나의 개성을 표현할 수 있게 되고, 사람들은 그것을 보고 그것이 누가 만든 것인지, 어디서 만든 것인지를 인식하게 되고, 알게 되고, 느낄 수 있게 된다.

주어진 제품에 제품의 성격이 부여되어 제품을 인격화할 수 있게 된다. 제품에 캐릭터가 생기게 된다. 일품(逸品)의 단계이다. **이 단계에서도 걸작 광고를 만들 수 있다.**

이를 다음과 같이 정리할 수 있다. 좋은 아이디어를 얻고 싶다면 다음 단계를 따르는 것이 좋다. 다음 각 단계는 아이디어를 발견하는 순서가 된다. 하지만, ①단계로 충분한 소비자 인사이트가 발견되면 그것으로 아이디어를 표현하면 되고, ②단계, ③단계, ④단계 각각의 단계 어디서든 매력적인 소비자 이익이 발견되면 그 단계에서 표현으로 들어가 아이디어를 발상하면 된다. 굳이 ④단계까지 가지 않아도 상관없다.

아이디어를 발견하는 4단계

① 문제(제품 · 브랜드) 자체에 대해 속속들이 알아야 한다.
② 문제에 담겨 있는 핵심 의미를 찾아내야 한다.
③ 문제의 핵심 의미를 구체화한 인사이트를 표현해야 한다.
④ 거기에 나의 '생각. 관점, 스킬'을 더하면 문제의 스타일이 만들어진다.

제3부 아이디어 발상

빅 아이디어를 가져오는 영감 같은 것은 없다

우리의 뇌는 생존에 유리하게 디자인되어 있다. 뇌는 생존을 위해 복잡함을 싫어하고 질서 있는 것을 좋아한다. 좌뇌, 우뇌 등으로 창의성을 담당하는 특별한 뇌 영역도 없다. 여기저기 여러 곳에 분포되어 있다가 상황이 발생하면 여기저기서 불쑥불쑥 튀어나와 서로 결합하고 관계 맺어 아이디어를 만든다. IQ도 창의성과 특별한 관계가 없다. IQ 110 이상이면 창의성을 발휘하기에 충분하다고 한다. IQ가 높다고 창의적인 것도 아니다. 연구에 의하면 세계의 아이디어맨들, 다빈치, 에디슨, 피카소 등의 뇌는 보통 사람의 뇌와 비슷하다고 한다. 아인슈타인의 뇌를 연구해 보니 그렇게 결과가 나왔다. 노벨상 수상자들의 IQ도 보통 사람의 IQ와 비슷했다. 그들의 뇌도 특별한 뇌가 아닌 보통 사람의 평범한 뇌였다.

창의적인 사람은 오히려 긍정적인 태도와 함께 하는 반복적 훈련, 즉 숙련에서 결정된다고 보는 것이 옳다. 그들에겐 자신이 자신의 삶을 주도하겠다는 자율성의 욕구가 있었고, 중요한 무언가를 더욱 잘하고 싶다는 숙련의 욕구도 있었으며, 자신보다 더 큰 무언가를 위해 지금 하는 일을 하고 싶다는 목적이 있었다 (Daniel, 2009). 이 세 가지를 가진다면 누구나 빅 아이디어의 주인이 될 수 있다.

광고에서 창의성, 즉 아이디어는 광고인의 상품이다. 좁게 말하면 크리에이터의 상품이기도 하다. 상품 없이 물건을 팔겠다고 나서는 무모한 사람은 없을 것이다. 광고 아이디어의 본질은 판매를 일으키는 것이다. 잊지 마시라. 세상을 선하고 아름답게 만드는 것은 부차적인 문제이다. 광고 크리에이터의 아이디어는 판매를 일으키기 위해 ① 정보를 제공하는 도구가 되고, ② 소비자 설득의 도구가 되며, ③ 소비자와 공감하는 관계를 만드는 도구가 된다. 아이디어는 크리에이터의 상품이다. 앞의 ①, ②, ③을 올바른 방법으로 진행하여 광고목적을 달성하게 되면 자연히 세상도 선하고 아름답게 된다. 세상에 선한 영향을 주는 것은 광고의 결과이지 목적이 될 수 없다. 절대로.

아이디어는 기존의 요소들을 새롭게 결합하여 관계 지은 의미 있는 정보이다. 아이디어의 정의를 안다고 좋은 아이디어를 발견할 수 있다는 보장은 전혀 없다. 한 3% 정도 유리할지 모르겠다. 아이디어를 무엇으로 정의하든, 어떤 아이디어를 보고 '아, 만일 이걸 내가 만들었다면, 우리 팀이 만들었다면…….'이라고 욕심나는 것이면 그것이 아이디어일 것이다.

아이디어는 관찰과 반복을 통해 개발되고 발견된다. 관찰하고, 문제를 파악하고, 또 관찰하고 또 문제를 해결하는 반복을 통해 문제를 재해석하게 된다. 이것이 숙련의 과정이고 낯설게 만들기 훈련이기도 하다. 이 훈련을 반복하면 새로운 아이디어를 발견할 수 있다. 수정·반복을 계속하는 과정에서 새로운 관점, 새로운 의미, 새로운 해결방법이 만들어진다. 그렇게 만들어진 것 중 낯설지만 쉽고 명확하게 이해되는 것이 빅 아이디어가 될 가능성이 높다.

영감(靈感)은 피, 땀, 눈물 등 지독한 정신적·육체적 노동에서 온다. 즉, 같은 일을 지독하게 수정·반복하는 연습에서 온다. 영감은 결코 스스로 찾아오지 않고 행동을 부추기지도 못한다. 영감은 지독한 노동 뒤에 어쩔 수 없이 배설되어 나오는 것처럼 떠밀려 나오는 것이다. 그러니까 영감은 내가 만드는 것이지 신이 나에게 내려 주는 은덕이 아니다. 아이디어를 얻기 위해서는 평소에 축적한 정보를 새로이 결합시켜 기대하지 않았던 새로운 의미를 만들어 내는 훈련을 반복해야 한다. 일반적으로 100개 정도의 아이디어를 산출하면 대체로 70~80개 정도까지의 아이디어는 누구나 생각할 수 있는 평범한 아이디어가 나오고, 그 이후부터 조금씩 의미 있는 아이디어가 나오기 시작하는데, 그중 의미 있는 아이디어가 되는 것은 2~3개 정도라고 한다.

아이디어를 얻는 가장 쉬운 방법은 피, 땀, 눈물 등 지독한 노동을 즐기는 방법밖에 없다. 모든 천재들이 그렇게 했다. 9시 출근 5시 퇴근이 아니라, 24시간 내내 '왜? 어떻게?'라는 질문이 머리를 떠나지 않아야 한다(이미도, 2013). 아이디어는 노동의 결과이지 타고나는 재능이 아니다. 우리가 아이디어맨이라고 부르는 사람들은 그만큼 많은 양의 아이디어를 만들어 냈다. 아이디어 발상의 근육은 재능이 아니다. 매일 매일의 지루한 반복이 아이디어 발상의 근육을 만든다. 반복보다 더 나은 아이디어 발상훈련은 없다.

'빅 아이디어'는 매체의 제약을 받지 않는다. 오히려 빅 아이디어에 어울리는 매체를 찾으면 된다. 그것이 뉴미디어를 활용한 무엇이어도 좋고, 수백만을 동원하는 이벤트여도 좋고, 15분짜리 영상이어도 좋다. 근데, 빅 아이디어가 무엇이냐고? 사람들의 마음을 움직일 만한 무언가를 갖고 있는 것이다. 그렇지 않다면 그건 '빅'이 아닌 그냥 아이디어이다. 그냥 아이디어는 아무것도 아니다. 웃길 수도, 울릴 수도, 생각을 바꾸게 할 수도 있는 것이 '빅' 아이디어의 힘이다.

아이디어 발상, 분명한 USP/ESP에서 시작된다

광고에서 아이디어란 판매를 일으키는 매력적인 정보이기도 하고, 의미 있는 정보이기도 하고, 가치 있는 정보이기도 하다. 이 책에서 말하는 USP(Unique Selling Proposition)이기도 하다. 광고 아이디어에서 USP는 아이디어의 뼈이다. 분명한 USP에서 분명한 ESP(Emotional Selling Proposition) 아이디어를 찾을 수 있다. 즉, USP가 소비자 이익 측면으로 구체화된 것이 ESP, 즉 감성적 판매 제안이다. ESP는 시각화를 통하든, 언어화를 통하든 소비자 입장에서 유용한 이익이 되어야 한다. '광고는 소비자와 직접 대화하고 소통해서 소비자들이 제품을 선택하는 데 기여해야' 되기 때문이다([그림 3-2] 참조).

광고주 혜택 – USP ◄─► ESP – 소비자 이익

[그림 3-2] USP와 ESP의 차이

USP와 ESP는 같은 것이다. 광고주 혜택 측면과 소비자 이익 측면이라는 것이 다르다. 광고주는 혜택이라 말하지만, 소비자는 이익이라 말한다. 입장은 달라도 둘의 핵심이 물건을 사고 팔기 위한 것이라는 점은 바뀌지 않는다. 이제부터 기술되는 'I CAN DO 아이디어 발상법'에서는 지금까지의 USP를 ESP로 통일하여 기술한다. 광고주의 놀라운 능력을 보여 주는 것이 아니라, 소비자가 고마워할 능력을 말하기 위해서이다.

I CAN DO(Information/Combine/ Association/Negative opinion/ Drama/Original) 발상법

1) I CAN DO 발상법 구조도

I CAN DO 발상법은 'I CAN DO' 한 문장 속에, 효과적인 아이디어를 발상하기 위해 가져야 할 크리에이터의 태도와 의지를 가다듬을 수 있고, 아이디어 준비과정에서 무엇을 중점적으로 점검해야 하는지 알 수 있으며, 아이디어 발상과정에서는 어떤 순서로 아이디어 발상을 할 수 있는지 그 길을 보여 준다. 또한 많은 크리에이터가 아이디어를 만들어 놓고도 자신의 아이디어가 제대로 된 아이디어인지 어떤지 잘 모르는 경우가 많은데, 스스로 자신의 아이디어를 검증할 수 있는 검증과정을 제시한다는 장점도 있다. 그 구조는 〈표 3-1〉과 같이 이루어져 있다.

〈표 3-1〉 I CAN DO 발상법 구조도

I CAN DO: 태도과정		
준비과정	발상과정	검증과정
Identity 분명한 정체성 파악하기	Information ESP의 존재이유 **분명히** 하기	Identity 정체성 확인하기
Credibility 신뢰의 근거 마련하기	Combine 결합으로 ESP **분명히** 하기	Credibility 신뢰성 확인하기
Attraction 매력성 발견하기	Association 연상으로 ESP **분명히** 하기	Attraction 매력성 확인하기
Newness 새로움 발견하기	Negative opinion 반대로 생각하여 ESP **분명히** 하기	Newness 새로움 확인하기
Difference 차별성 발견하기	Drama 소비자 이야기로 ESP **분명히** 하기	Dramatic 극적인 요소 확인하기
Obviousness 명쾌하게 정리하기	Original 관점 바꾸어 ESP **질문**하기	Obviousness 명확성 확인하기

하나의 아이디어를 발견하여 그 아이디어를 구체적으로 표
현하는 방법은 무궁무진하다(〈표 3-2〉 참조).

〈표 3-2〉 I CAN DO 발상의 확장구체화 방법

아이디어 발상	형식	감정	감각(톤)
Information	실연 증언 추천(유명인/전문가) 뉴스앵커 생활의 단면 라이프 스타일	감성소구 이성소구 부정소구 긍정소구 재미소구 진지소구	사진 일러스트레이션 그림 만화 구성 다이어그램
Combine			
Association			
Negative opinion			
Drama			
Original			

I CAN DO 발상을 통한 아이디어는 형식의 틀, 감정의 틀, 감각의 틀을 이용해 확장구체화하면 하나의 아이디어로 수많은 아이디어를 만들 수 있다. 예를 들어, Information에서 하나의 아이디어를 도출했다고 가정하면, 그것을 아이디어 확장구체화 방법인 '형식-감정-감각의 틀'에 따라 표현하면 216가지의 아이디어가 만들어진다. 한 가지 아이디어를 216가지로 간단하게 표현할 수 있다. 이를 I CAN DO 전체에 적용하면 곱하기 6을 해야 하니까 1,296가지의 아이디어가 만들어질 수 있다. 각 발상별 아이디어를 하나씩 만들어 6개의 아이디어를 가지면, 1,000여 가지로 확장구체화가 가능한 것이다.

이런 사실을 모르는 사람은 없지만 그렇게 실천하는 사람도 드물다. 아니 없다. 하지만 I CAN DO 발상법 구조도와 확장구체화 방법을 책상 앞에 붙여 놓고 하나씩 적용하여 따라간다면 그리 어려운 일도 아니다. 자신도 모르게 아이디어를 양산하게 된다. 어쩌면 그 과정에서 내가 이렇게 많은 아이디어를 발상하고 구체화하는 능력이 좋았던 사람인지 스스로 놀랄지도 모른다. 그렇게 하나씩 적용해 나가는 습관을 들이다 보면, 시간이 지날수록 건너뛸 것은 건너뛰고, 적용할 것은 적용할 수 있게 된다. 자연적으로 자신만의 아이디어 발상법이 생기게 된다. 빅 아이디어를 꿈꾸는 창작자의 입장에서 보면 매우 유용한 출발점이 될 수 있을 것이다. 그렇게 습관이 되면 아이디어 발상법 따위는 필요 없게 된다. 일단 따라가면서 해 보는 사람이 이긴다. 능력자가 된다.

2) I CAN DO 발상: 태도과정

태도과정은 '나는 할 수 있다.'는 자신감에서 출발한다. 우리는 열일곱 살이 될 때까지 '넌 할 수 없어.'라는 말을 평균 15만 번 듣지만, '넌 할 수 있어.'라는 말은 5,000번 정도 듣는다고 한다. 부정과 긍정의 비율이 무려 30대 1이다. 이런 환경 속에서 자라기 때문에 성인이 되기 전에 이미 우리는 우리의 마음속에 '나는 할 수 없다.'는 체념이 강하게 자리 잡는다(Assaraf & Smith, 2008). 그러므로 '나는 할 수 있다.'는 긍정적 태도와 자신감을 갖지 않는다면 아무리 좋은 아이디어 발상법이 있다고 해도 무용지물이다.

아침에 일어나면 외치라, 그리고 쓰라! 20번씩! I can do! 그 이상 외쳐도 나쁘지 않다. 더 많이 쓰는 것도 좋다. 습관을 들이는 것이 중요하다. 습관을 들인다는 것은 이미 행동하고 있다는 것이다. 분명한 것은 우리의 뇌는 자신이 외친대로 작동하고, 행동하는 대로 작동한다는 것이다.

광고인 잭 포스터(Foster, 1996)는 그의 책 『잠자는 아이디어

깨우기(How to get ideas)』에서 아이디어 발상을 위한 태도 여덟 가지를 제시했다. 이 여덟 가지 태도는 일상화되어 몸에 습관이 되게 하면 아이디어 발견의 고수가 될 수 있을 것이다. 여덟 가지를 다 하면 좋겠지만 두세 가지만 습관을 들여도 좋다. 사실 두세 가지만 습관을 들이면 나머지도 자연적으로 상승하게 되어 있다. 인간은 원래 그렇다.

① 즐기라.
② 아이디어 뭉치가 되라.
③ 마음속에 목표를 정하라.
④ 어린아이가 되라.
⑤ 정보를 더 많이 얻으라.
⑥ 배짱을 가지라.
⑦ 사고방식을 고치라.
⑧ 어떻게 결합할지를 배우라.

3) I CAN DO 발상: 준비과정

USP는 준비과정을 통해 ESP로 전환된다. 광고표현에서의 ESP는 감성적 판매 제안으로 소비자들이 믿을 수 있는 이유가 되고, 공유할 수 있는 이유를 제공하는 것이다. ESP는 구체화된 소비자 이익이고, 소비자가 구매하는 이유이다.

구매할 수 있는 이유가 되더면 무엇이든 ESP가 될 수 있나

제3부 아이디어 발상

이성적인 것도, 감성적인 것도, 정의로운 것도, 가치 있는 것도, 성실한 것도, 재미있는 것도, 심각한 것도, 착한 것도, 심지어 무서운 것도, 각각의 광고 상황에 따라 핵심 소비자에게 이익이 되는 것이면 어느 것이든 ESP가 될 수 있다. ESP는 제품을 팔고, 브랜드를 팔고, 서비스를 팔고, 이벤트를 성공시킬 수 있는 것이다.

즉, 제품 콘셉트, 마케팅 콘셉트, 광고 콘셉트, 표현 콘셉트로 연결되는 모든 것이 USP의 변화 과정이다. 모두 동일한 것인데, 관점이 광고주 중심에서 소비자 중심으로 USP가 옮겨지는 것일 뿐이다(〈표 3-3〉 참조).

〈표 3-3〉 광고주 중심에서 소비자 중심으로 옮겨지는 USP

광고주	제품 콘셉트 → 마케팅 콘셉트 → 광고 콘셉트 → 표현 콘셉트 → 아이디어	소비자
	= USP	
	광고주 혜택 - USP = ESP - 소비자 이익	

ESP는 아이디어 발상의 뼈이다. 기본이다. 당연히 ESP는 광고주의 주장을 소비자가 느낄 수 있는 이익으로 표현되어야 한다. 구체적이고 분명한 아이디어는 뒷맛도 생기고, 멋있게 보이고, 의미도 생기게 된다. 사람은 불분명한 것에는 이해도, 공감도, 감동도 하지 않는다. 그냥 관심을 꺼 버린다. 그래도 보는 사람이 있다면 그는 고객이 아니다.

(1) ESP의 5가지 형태

- 이성기반 ESP: 고객이 좋은 것이라고 **상상**하도록 하는 것
- 감성기반 ESP: 고객이 좋은 것이라고 **공감**하도록 하는 것
- 지성기반 ESP: 고객이 좋은 것이라고 **판단**하도록 하는 것
- 감정기반 ESP: 고객이 좋은 것이라고 **생각**하도록 하는 것
- 감각기반 ESP: 고객이 좋은 것이라고 **느끼**도록 하는 것

(2) ESP의 4가지 종류

① 제품 **특·장점**에 의한 ESP
② 브랜드 **이미지**에 의한 ESP
③ 제품 **포지셔닝**에 의한 ESP
④ 제품이나 기업의 '**선한 가치철학**'에 의한 ESP 등

특히, ④번의 경우처럼 선한 가치철학을 진정성 있게 실천하는 것이 기업, 브랜드, 제품의 판매력에 절대적인 시대가 되었다. 즉, 선한 상품, 선한 브랜드, 선한 포지셔닝, 선한 서비스, 선한 회사 심지어는 선한 CEO까지 ESP가 되는 시대이다. 소비자들은 일단 믿게 되면 응원하고, 믿어 주고, 구매하고, 공유한다. 디지털 세상의 집단지성이 만든 투명성이 소비자를 바꾼것이다. 소비자는 더 이상 기업의 속임수에 놀아나지 않는다. '선한 가치철학'의 ESP는 기존의 제품에서 두출된 ESP마큼, 아

니 그 이상으로 강력하다. 하지만 진정성이 없으면 가짜 선한 철학으로 인식되어 소비자들에게 호된 역풍을 맞게 된다.

준비과정에서는 ESP가 제대로 결정되었는지 점검하는 것이 필요하다. 그 점검은 I CAN DO의 준비과정으로 한다. 다음을 따라가 보자. 당신이 도출해 결정한 ESP는 다음을 갖추어야 한다.

Identity: 풀어야 할 문제의 핵심(정체성)이 잘 나타나 있는지 확인한다.

Credibility: 믿을 수 있는 주장인지 확인한다.
Attraction: 매력적인지 확인한다.
Newness: 새로운지 확인한다.

Difference: 다른 것과 차별되는 것인지 확인한다.
Obviousness: 최종적으로 분명하고 구체적인지 확인한다.

결정한 ESP가 앞의 여섯 가지의 모든 요소를 다 갖출 필요는 없다. 한 가지만 충족해도 되고, 두세 가지만 충족되어도 무방하다. 여섯 가지 요소를 다 충족하는 경우도 있다. 하지만 그런 경우는 별로 없다. 하늘의 별따기 정도이다. 많이 충족하면 빅 아이디어가 될 가능성은 높아지겠지만, 반드시 그렇지는 않다. 분명하고 구체적인 소비자 이익이 한두 가지라도 나타난다면 상력한 ESP로 소비자에게 다가갈 수 있다. 이 과성을 거지고 나면 아이디어를 내는 구체적인 아이디어 발상에 들어가게 된다.

4) I CAN DO 발상: 발상과정

준비과정에서 결정된 ESP로 구체적인 아이디어 발상에 들어간다. 아이디어 발상은 ESP를 현실화하는 것이다. 아이디어 발상순서는 가능하면 여기서 제시하는 I → C → A → N → D → O의 순서대로 하는 것이 좋다. 그러므로 먼저 구체화된 정보(Information)인 ESP가 강력하면 그것을 그대로 표현한다. 그것으로 미흡하면 다음 단계인 결합(Combine)의 방법으로 ESP의 차별화를 꾀하고, 그다음 연상(Association)을 통해 ESP의 새로운 연결점을 찾고, 그래도 미흡하면 반대의견(Negative opinion), 즉 역발상을 통해 ESP를 더 돋보이게 하고, 그래도 미

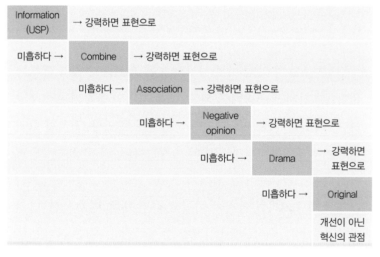

[그림 3-3] I CAN DO 아이디어 발상순서

제3부 아이디어 발상

흡할 때 ESP를 소비자가 주인공이 되는 이야기(Drama)로 만드는 순서로 아이디어 발상을 전개하면 된다. 그럼에도 흡족한 아이디어가 나오지 않을 때에는 최종적으로 처음(Original)으로 돌아가 ESP를 새로운 관점으로 다시 생각해 보는 것이다. 즉, 아이디어의 개선이 아니라, 혁신의 발상을 통해 아이디어를 찾는 방법이다. 그림으로 나타내면 [그림 3-3]과 같다.

다시, 아이디어 발상의 전제를 말한다.

오늘날의 광고 아이디어는 광고주가 시혜를 베푸는 소비자 혜택이 아니라 소비자가 느끼는 소비자 이익이어야 한다. 즉, USP는 ESP로 전환되어야 한다. 믿을 수 있는 이유를 제공하는 것에서 공유할 수 있는 이유까지 제공해야 한다. 그러므로 이성에서 감성으로, 설득에서 공감으로, 전달에서 연결로, 로직(logic)에서 매직(magic)으로의 전환이 필요하다. 이를 위해 아이디어는 많을수록 좋지만, 그것을 결정할 때는 단호해야 한다. 아이디어를 결정할 때 너무 많은 의견을 들으면 오히려 아이디어의 날이 무뎌져 멍청해진다. 나는 아이디어 결정단계에서는 민주적 운영보다 결정권자의 명쾌한 결정력이 절대적으로 필요하다고 생각한다. 탁월한 CD(Creative Director)가 필요한 이유이다. 아이디어는 좋은 게 좋은 것이라는 생각으로는 얻을 수 없다. 설득이 아니라, 가슴으로 공감할 수 있는 아이디어 발견을 위해 즐거운 마음으로 피·땀·눈물의 과정으로 들어가 보자.

(1) Information(ESP): X=Y라고 ESP를 단순명쾌하게 말하라

첫 번째 Information 발상단계이다. 강력한 신제품이거나, 독보적인 1위 브랜드일 때 유리하다. 발상단계의 Information 은 소비자에게 이익이 되는 ESP이다. 강력한 소비자 이익을 나타내는 ESP는 그 자체로 훌륭한 아이디어이다. 싱싱한 재료라면 약간의 드레싱만 하는 정도로도 충분히 맛있는 샐러드가 되는 것처럼, 이미 강력한 아이디어를 찾아 놓고 굳이 분칠할 필요가 없다. ESP를 직접적으로 'X는 Y'라고 언어적이든, 시각적이든, 분명하게 말하는 것으로 충분하다. 그것으로 소비자 호감과 믿음을 얻을 수 있다. 호감과 믿음을 얻으면 설득은 자연스럽게 이루어지고 공감도도 높아진다. 당연히 구매할 동기도 만들어진다.

구체적이고 분명한 아이디어가 소비자 이익을 잘 보여 주어 재미도 만들고, 뒷맛도 만든다. 나아가 멋있게 만들고 의미도 만든다. 앞에서도 말했지만 불분명한 것으로는 소비자들에게 이해도, 공감도, 감동도 얻지 못한다. 설사 의미가 있어도 소비자 이익과 연결되지 않으면 찾아 보지 않는다. 그냥 관심을 꺼 버린다. 그들은 바쁘다. ESP를 제품과 관련한 T·P·O에 맞게 직접적이고 구체적으로 표현한 아이디어는 소비자에게 구매동기를 만들어 준다. 자신 있게 X=Y라고 말하라.

Information 광고사례

● 첨단기술 지능테스트, SK하이닉스

반도체기업 SK하이닉스는 '첨단기술 지능테스트'(2019)라는 아이디어로 Information 광고를 만들었다. 형식은 '시험'이었고, 5편의 인쇄광고 시리즈로 제작되었다. 소재는 ① 미로, ② 피자, ③ 물탱크, ④ 전개도, ⑤ 숫자 퍼즐 편이다. 소비자들은 '시험' 보듯이 광고의 문제를 풀면서 자연스럽게 하이닉스의 전문성과 사회공헌 그리고 반도체가 소비자의 삶과 밀접하다는

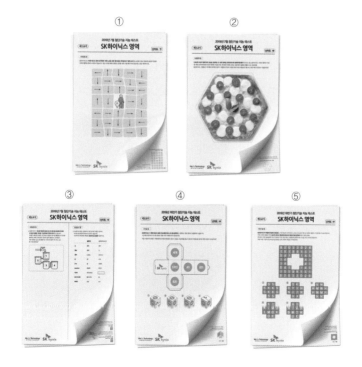

것을 알 수 있도록 했다.

각 광고는 다음과 같다. ① '미로'를 시각화한 사회공헌형 시험에서, SK하이닉스는 발달장애인과 치매 노인을 위한 웨어러블 위치감지기 '행복 GPS'에 대한 문제를 제시했다. 문제는 '행복 GPS의 신호를 따라 가장 빨리 어르신을 찾는 길을 제시하시오.'이고, 정답은 '행복 GPS 무상 보급 결과, 실종 치매 노인 전원이 무사 귀가할 수 있었다.'는 내용을 밝히고, 앞으로도 사회공헌 활동에 앞장서겠다는 각오도 밝힌다. ② 상생협력형 시험에서는, 육각형의 피자를 8명의 하이닉스와 협력사 직원이 똑같이 나눠 먹었다고 하는데 과연 어떻게 나눠 먹었는지에 대한 질문으로 하이닉스의 '상생협력' 메시지를 전달했다. ③ 물탱크를 이용한 사회공헌형 시험에서는, 같은 사물을 일반인의 평범한 관점과 하이닉스인의 창의적 관점을 보여 주면서 하이닉스인의 반도체 열정을 전달했다. ④ 전개도를 이용한 신기술형 시험은, 세계 최초로 128만 테라비트 4D 낸드플래시를 개발하고 업계 최초로 상용하고 있는 근거를 전달했다. ⑤ 숫자 퍼즐을 이용한 미래기술형 시험은, 하이닉스가 개발에 성공한 고성능 메모리 솔루션(HBM2E)은 이전 규격인 HBM2 대비 속도가 50% 향상되어 반도체 시장의 미래경쟁력임을 전달했다.

소비자들이 '첨단기술 지능테스트'를 마치 수능시험 보듯이 풀어 가면서, 자연스럽게 SK하이닉스가 '아~ 이런 일을 하는 회사구나!' 하며 알 수 있도록 한 것이다. 자칫 지루할 수 있는 첨단반도체 기업의 메시지를 전혀 지루하지 않게, 오히려 깨알 같은 재미를 주는 아이디어로 호기심까지 유발해서 전달하고 자 하는 원래 목적을 충분히 달성하였다.

● 완벽하게 순수한 보드카, 앱솔루트

'앱솔루트(Absolut)'라는 브랜드명도 여기서 시작되었다. 앱 솔루트 광고는 1981년에 시작되어 25년 동안 광고회사 TBWA 가 진행하였다. 이 캠페인은 25년 동안 쉬지 않고 진행되면서 1500개 이상의 광고가 제작되었다. 모든 인쇄광고는 병과 끊 임없이 변화하는 'Absolut _____' 카피 포맷을 지켜 왔다. 시리 즈의 첫 광고는 'ABSOLUT PERFECTION'으로 시작됐다. 광고 는 전 세계적으로 공통으로 사용되었다. 그리고 비주얼은 오 로시 병 모양 하나만을 비주일 메시지로 고집하면서 앱솔루드 의 절대성을 전달하고 다양한 변화를 이끌어 왔다. 이는 브랜드

고유의 USP와 가치인 '완벽하게 순수한 보드카(Absolute Pure Vodka)'를 구현했기 때문에 성공할 수 있었다. 이제는 병 형태만 보면 앱솔루트가 생각날 정도이다. 광고인이라면 앱솔루트 보드카 캠페인의 역사에 대해 공부해 볼 필요가 있다.

앱솔루트 광고 중 세계 각 도시의 특징을 주제로 한 도시 캠페인도 유명하다. 광고를 보면 그 도시가 어떤 특성을 가진 도시인지 단박에 알 수 있도록 정보를 제공한다. 이는 미국에서 유럽을 거쳐 세계 각국의 도시들로 확대하면서 큰 화제를 일으켰다. 대한민국의 서울 편(2003)은 방패연을 소재로 하였는데, 방패연에 병의 형태를 넣어 앱솔루트의 존재감도 살리고, 대한민국과 서울의 이미지를 긍정적으로 표현했다. 방패연 편에 대해 아시아 태평양 본부장 에바 헤드버그는 동아일보와의 인터뷰에서 다음과 같이 밀했다.

"방패연의 흰색 바탕은 백의민족을, 위에 있는 태극무늬는 음양의 조화를 뜻합니다. 밑으로 드리워진 파랑, 초록, 빨강, 노랑의 색동 문양은 하늘, 땅, 태양, 달 등 우주의 4원소를 나타냅니다. 푸른 하늘은 '고요한 아침의 나라(Morning Calm)'를 의미하고요. 전통과 현대가 함께 살아 숨 쉬는 서울의 이미지를 세계에 강하게 소개하기 위해 방패연을 광고 소재로 삼았습니다." (2003. 9. 28. 동아일보)

앱솔루트는 2016년에 도시가 아닌 'KOREA'를 광고 소재로 삼았다. 다름 아닌 '촛불혁명'을 소재로 삼은 것이다. 광화문을 가득 메운 촛불의 불빛들이 모여 물결처럼 흘러가며 앱솔루트의 병 모양을 형상화한 비주얼에 "앱솔루트 코리아(ABSOLUT KOREA)"라는 헤드라인과 함께 서브헤드로 "미래는 당신들이 만들어 갑니다(The Future Is Yours To Create)."라는 메시지를 담았다. 오른쪽 하단에는 "책임감을 갖고 누리라(Enjoy Responsibly)."라고 응원의 메시지와 광고를 보는 독자들에게 마치 대한민국의 촛불혁명을 보고 본받으라는 당부를 한다. 이 광고는 대규모 촛불혁명이 이끌어 낸 대한민국의 정치적 변화가 민주주의의 새로운 모습을 보여 주었다는 평가를 받으며 세계에서 가장 민주주의를 잘하는 대한민국을 알리는 효과를 얻었다고 생각한다. 이 광고에는 찬반논쟁도 많았다. 촛불혁명에 대한 찬사도 있었지만, 촛불혁명이 상술에 이용되는 것에 불쾌함을 나타낸 의견도 있었다. 나는 촛불혁명에 대한 앱솔루트의 무한한 존경으로 읽었다. 자랑스럽고 뿌듯했다(2016. 12. 10. 한겨레신문에서 재구성).

1981년에 연간 2만 상자가 팔리던 앱솔루트 보드카는 1994년에 300만 상자가 판매되었다. 2000년엔 450만 상자로 미국에서 팔리는 보드카의 50%를 차지하였다. 2017년 이후 세계 1위 프리미엄 보드카가 되었고, 또한 전 세계적으로 1,090만 상자가 판매되었다. 1980년, 처음 미국에 상륙할 때는 겨우 1만 상자 판매로 미미한 스웨덴산 보드카로 시작하였으나 이제는 세계 보드카의 상징이 되었다.

● 4,900원짜리 올데이킹 햄버거 세트, 버거킹

4,900원을 달러로 환산하면 4달러 정도 된다. 이에 착안하여 2003년 종영한 드라마 '야인시대'에서 파업 중인 노동자를 대신한 김두한이 미군 준장과의 노동자 임금 협상장면을 끌어왔다. 당시 1달러이던 임금을 4달러로 올려 달라면서 성내빙

의 협상에는 아랑곳하지 않고 '사딸라'만을 반복하여 처음 자신이 제시한 4달러를 관철시킨 장면을 소환했다. 드라마에서 김두한 역할을 했던 김영철을 모델로 하여 드라마의 '사딸라' '사딸라' '사딸라'를 연호하는 장면을 재연하여 햄버거 세트가격 4,900원이라는 장점을 재미있고 분명하게 전달하였다.

소비자들은 가격에는 예민하지만 숫자에는 둔감하다. 대부분의 소비자들은 1달러가 약 1,000원 정도로 생각하여 '사딸라'가 4000원 정도로 생각한다. 누구도 정확하게 알지 못한다. 4천 몇백 원 정도로 어렴풋이 알기 때문에 4달러를 비싸다고 느끼지 않게 된다.

광고에 등장하는 햄버거 세트의 가격은 4,900원으로 경쟁사에 비해 1,000원이나 비싼 가격이지만 김영철의 단호한 "사딸라" 외침으로 가격에 대한 저항감이 무의식적으로 줄게 된다. 또한 4,900원에 1,000원을 추가하면 더블 패티로 푸짐하게 즐길 수 있다는 광고 문구는 소비자의 구매 욕구를 자극한다. 버거킹의 광고 속 올데이킹 메뉴는 론칭 9개월 만에 누적 1천만 개 판매 돌파라는 기록을 세웠다.

● 지하 150m 암반천연수로 만든 깨끗한 맥주, 하이트

해방 이후 1990년이 될 때까지 크라운맥주와 OB맥주의 맥주 싸움은 싱거웠다. 아니 싸움이 되지 못했다. 일방적인 OB맥주의 승리였다. 1990년 들어 OB맥주와 조선맥주의 시장점

유율은 7대3으로 벌어졌다. 조선맥주는 크라운맥주로는 더 이상 승산이 없다고 생각하고 프리미엄급 신제품을 준비하고 있었다. 1991년 두산이 연루된 낙동강 페놀폐수 사건이 터지면서 OB맥주가 위기에 처하게 되었다.

조선맥주는 이 사건을 기회로 삼아 1993년 '지하 150m 100% 천연수로 만든 순수한 맥주'를 핵심 메시지로 한 '하이트맥주'를 출시하였다. 하이트가 출시되자 위기를 느낀 OB맥주에서 '아이스맥주'를 출시했다. 싸움의 장소가 '크라운 vs. OB'에서 '하이트 vs. 아이스'로 바뀌었다. 싸움의 장소가 바뀌니 먼저 나온 브랜드인 하이트가 유리해졌다. 이후 '하이트=암반천연수'로 인식되어 깨끗한 맥주의 대명사가 되면서 하이트맥주는 OB맥주를 물리치고 1위가 되었다. '깨끗한 물'이라는 ESP의 엄청난 힘을 보여 준 사례이다.

● 첨가물을 넣지 않은 생 오렌지 주스, 썬키스트 훼미리주스

1996년 당시 국내 1위였던 썬키스트 훼미리주스는 경쟁브랜드인 델몬트의 추격을 따돌리기 위해 이미지 싸움이 아닌 제품 본래의 싸움으로 돌아가고자 했다. 즉, 진짜 오렌지 주스는 썬키스트임을 분명히 하고자 한 것이다. 썬키스트는 아무런 첨가제 없이 오렌지 과즙으로만 만든 순수 생 오렌지라고 분명히 전달하여, 좋은 원료와 뛰어난 기술이 지난 10여 년간 1위를 고수한 이유라고 강조한다.

광고 내용은, 클로즈업된 손으로 오렌지를 까는 비주얼이 전개되다가, 다 깐 오렌지를 믹서에 넣고 돌리면, 돌아가던 믹서가 훼미리주스 병으로 바뀐다. 바뀐 훼미리주스를 들고 컵에 따르면 꼬마아이가 주스를 마시는 것으로 광고는 마무리된다. 길게 설명했지만 '원 신 원 컷'의 느낌이다. 그때 '오렌지 외에는 아무것도 넣지 않았습니다.'라는 메시지가 더해지면서 100% 생 오렌지 주스임을 강력하게 전달한다. 카피 한 줄과 비주얼 하나로 첨가물을 넣지 않은 순수한 오렌지 주스임을 알리면서 썬키스트는 1위 프리미엄 주스 이미지를 확고히 했다.

● 진로소주의 50년 만의 귀환, 진로이즈백

　진로는 1924년에 탄생했다. 1954년 진로의 캐릭터 '두꺼비'가 출시되었다. 이후 한국인의 희노애락과 함께했다. 2011년에 하이트로 인수되어 '하이트 진로'로 사명을 바꾸었다. 2019년 기성세대를 위한 '레트로' 소주가 아닌, 20~30대가 즐기는 힙하고 세련된 소주로 포지셔닝하고자 '진로이즈백' 캠페인이 시작되었다. 1970년대 올드한 두꺼비는 2019년의 현대적 감각으로 재해석된 두꺼비 캐릭터로 바뀌었고, 병 디자인, 라벨 디자인 모든 것이 바뀌면서 메시지는 '초깔끔한 맛'을 주장했다.

진로이즈백 광고는 진로의 CM송으로 시작한다. "야야야 야야야 차차차, 너도 진로, 나도 진로, 야야야 야야야 차차차" 중장년에게는 너무나 익숙한 이 CM송과 함께 두꺼비 캐릭터가 등장하면서 '진로이즈백'이라 말하고, 뒤이어 '소주의 원조 진로'라는 자막으로 끝난다. 어려웠던 지난 시절 한국인의 애환과 즐거움을 함께해 온 진로소주가 뉴트로의 모습으로 다시 돌아온 것이다. 시장은 폭발했고, 젊은 소비자는 열광했다. 진로의 인기 비결로 두꺼비 캐릭터에 젊은 세대에 맞는 뉴트로 감성을 입힌 디자인과 2030세대를 공략한 마케팅 활동이 주효했다고 진단하고 있다.

● 달릴 때는 러닝화, 걸을 때는 워킹화, 프로스펙스W

우리나라 국민 대표운동은 워킹이다. 그러나 많은 워커들이 뚜렷한 기준 없이 워킹화를 선택한다. 달리는 것과 걷는 것은 다른데도, 러닝화를 신고 워킹을 하는 것이다. 이에 프로스펙스는 러닝(running)과 워킹(walking)의 차이를 과학적 근거를 가지고 소비자에게 다가갔다. 러닝과 워킹은 발의 구름부터 다르다. 러닝은 발의 앞꿈치에 무게 중심이 실리지만 워킹은 뒤꿈치에 실린다. 러닝할 때는 보통 발을 디디는 시간이 0.2초이지만 워킹은 0.6초이다. 때문에 러닝화와 워킹화는 구조가 달라야 한다.

사전조사를 마친 프로스펙스는 2009년 9월 최초로 워킹 전문 브랜드 '프로스펙스W'를 론칭했다. 워킹화를 신고 걷는 것이 운동효과가 좋다는 점을 분명한 근거를 통해 알린 것이다. 많은 소비자가 이에 동의했다. 어차피 걷는다면 러닝화보다는 워킹화를 신고 걷겠다는 것이다. 반응이 좋았다. 2009년 출시 이후 3년 만인 2012년 300만 족을 돌파했고, 7년 만인 2016년 500만 족을 넘어섰다. 시대의 흐름을 잘 파악한 결과이다.

● 땡볕에서 일해도 탈 걱정 없는 우르 · 오스 선크림

한여름 뜨거운 태양 아래 매일 밖에서 일하는 택배 배달기사와 시민을 위해 봉사하는 교통경찰관을 모델로 하였다. 땡볕에서 마스크를 쓰고 오랫동안 일하면 얼굴이 타게 된다. 햇볕에 그을린 자국과 그을리지 않은 자국이 생기는 것이다. 자국이 생

기면 보기 흉하다. 이때 우르 · 오스(UL · OS) 선크림을 바르고 일을 하면 햇볕에 그을린 자국과 그을리지 않은 자국을 걱정할 필요가 없다는 이야기를 시각적으로 극명하게 보여 주고 있다. 헤드라인은 '우르 · 오스, 선블록'이다.

● 소외된 위기가정을 발굴하는 대한적십자사

해외여행, 가상화폐, 동계올림픽 등 사회 이슈들에 가려져 관심 밖에 있던 위기가정을 발굴하여 상시적으로 생계, 주거, 의료, 교육 분야의 서비스를 제공하겠다는 광고이다. 예시 광고는 신문에서 바쁘게 돌아가는 기사들을 붓으로 걷어 내어 웅크리고 앉아 있는 소외된 아이를 찾아 내는 장면이 메인 비주얼이다. "숨겨진 소외계층을 발굴합니다."라는 헤드라인과 함께 적십자사의 역할을 자연스럽게 알게 된다.

● 한 번에 한 집만 배달하는 쿠팡잇츠

배달원이 한 번에 한 건의 음식만 배달하는 음식배달 시스템
이다. 배달원이 한 번에 여러 건의 배달을 동시에 진행하면서
음식이 식거나, 배달이 늦어지는 사례가 많아 맛있는 음식을
제때에 먹지 못하는 것에 착안하여 경쟁사와 다른 차별화 전략

제3부 아이디어 발상

을 썼다. 쿠팡잇츠에 주문하면 음식을 식기 전에 배달받을 수 있으므로 맛집 음식을 맛집 음식답게 맛있게 먹을 수 있다는 소비자 이익을 전달하고 있다.

● 신선도를 지켜 주는 주방용 랩, 지퍼락

지퍼락(Ziploc)의 랩이 신선도를 오래도록 유지해 준다는 것을 신선도에 민감한 생선을 통해 전달하고 있다. 생선을 그냥 둔 경우와 랩을 씌워서 보관한 경우를 하나의 비주얼로 비교하여 동시에 보여 줌으로써 랩이 음식의 신선도를 지켜 준다는 것을 한 눈에 전달하고 있다.

● 아는 것이 힘이다, 『이코노믹타임즈』

『이코노믹타임즈(The Economic Times)』경제신문을 읽은 고양이가 천적인 개 앞에서 개를 약 올리고 있다. 개가 묶여 있다는

사실을 알기 때문이다. 경제를 알면 세상 어떤 위험한 상황에서
도 태연하게 대처할 수 있다. 경제지식은 힘이다.

● 이태리 수제가죽 전문브랜드, 알렌2

　알렌2(Alen2)에서는 가죽으로 만든 혁대로 '콜로세움'과 '피사
의 사탑'을 만들었다. 그리고는 '수제 걸작'이라는 헤드라인을 덧
붙여 이태리 최고의 수제가죽제품이라는 ESP를 분명하게 전달
하고 있다.

● 네덜란드 수제구두 전문브랜드, 알버트 놀텐

알버트 놀텐(Albert Nolten)에서는 손 모양으로 '구두 신은 발 모양'의 비주얼을 만들었다. 거기에 '핸드메이드'라는 헤드라인을 덧붙였다. 다름 아닌 장인이 한 땀 한 땀 정성 들여 만드는 최고의 수제구두라는 소비자 이익을 명확하게 전달하고 있다.

● 흔들림 방지 카메라, 올림푸스

 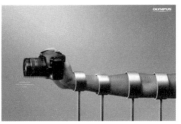

올림푸스(Olympus) 카메라는 사진을 찍을 때 흔들림 걱정을 할 필요가 없다는 것을 팔을 지지대로 고정한 시각적인 비주얼로 전달하고 있다.

● 가늘게 쓸 수 있는 볼펜, 페이퍼 메이트

페이퍼 메이트(Paper Mate) 볼펜은 심이 가늘어서 손톱 위에 복잡한 수학공식을 써서 커닝페이퍼로 사용할 수 있을 정도라는 것을 전달하고 있다.

● 모바일 주문이 가능한 맥도날드

스마트폰으로 '빅맥, 감자튀김, 에그 맥머핀'처럼 시각화하여 맥도날드는 앱을 통해 모바일 주문이 가능함을 전달했다.

제3부 아이디어 발상

● 빠른 해외배송이 가능한 페덱스

페덱스(FedEx)는 지도를 이용하여 아시아에서 호주까지의
배송을 마치 윗집에서 아랫집으로 배송하는 것처럼 간단하게
배송할 수 있음을 전달한다.

● 향이 좋은 브라질산 커피, 몬도

몬도(Mondo)는 커피 거품을 이용하여 남미 지도를 만들어 최고의 브라질산 커피라는 것을 전달하고, 커피의 향기를 직접 느낄 수 있게 표현했다.

● 잘 드는 칼, WMF 그랑구르메

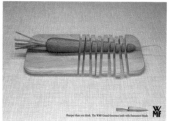

'생각보다 날카롭습니다.' 보통 칼날은 20도인데 WMF의 다마스틸 칼날은 15도여서 더 예리하기 때문에 도마까지 잘린 비구일도 잘 드는 칼이라는 메시지를 직관적으로 표현했다.

● 거칠어진 피부를 생기 있게 해 주는 바세린

고운 피부는 누구나 원한다. 오래된 명화를 이용하여 오래된 명화의 거칠어진 피부도 생기 있게 되돌려준다는 것을 시각적으로 표현했다.

● 점프력이 좋은 나이키 에어점프

키 작은 사람도 나이키 에어점프를 신으면 키 큰 사람들과 대등하게 팀을 이뤄 농구를 즐길 수 있다.

● 고양이를 위한 살코기 통조림, 고메

고메(Gourmet)에서는 자투리 고기로 통조림을 생산하지 않고, 먹음직스러운 살코기로만 생산한다는 것을 시각적으로 전달하고 있다.

● 흉터 없는 상처치료제, 한스아플라스트

제3부 아이디어 발상

피부에는 흉터가 생기지 않고, 밴드에는 핏자국을 보여 줌으로써 한스아플라스트(Hansaplast) 제품이 흉터 없이 상처를 낫게 해 준다는 메시지를 전달하고 있다.

● 빠르고 깔끔한 브라운 면도기

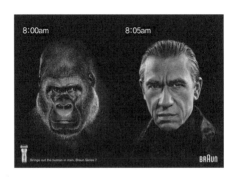

브라운(BRAUN) 면도기를 사용하면 고릴라처럼 털북숭이 아저씨(8:00am)도 5분이면 깔끔한 신사(8:05am)가 될 수 있음을 시각적으로 명쾌하게 전달하고 있다. 즉, 사람을 사람으로 만들라는 메시지이다.

● 흡수력이 뛰어난 기저귀, 밀렛

스위스의 밀렛(Milette) 기저귀는 댐을 감당할 만큼 흡수력이 뛰어남을 과장하여, 대용량 오줌도 거뜬하게 받아 내는 기저귀라는 것을 시각적으로 전달했다.

● 강력한 접착력, 3M 스카치테이프

　3M 스카치테이프는 접착력이 너무 좋아 스파이더맨이 거미줄 대신 이용할 정도라고 과장하어 전달했다.

　　　　　　　　　　　　　　　　　　제3부 아이디어 발상

● 살충력이 뛰어난 살충제, 베이건

베이건(Baygon)의 살충제는 전기 파리채로 벌레를 잡는 것처럼 살충력이 강력하다는 메시지를 표현했다.

● 100% 방수밴드, 밴드-에이드

밴드−에이드(BAND-AID)의 밴드는 눈물도 돌아갈 정도로 방수력이 뛰어나다는 것을 명쾌한 비주얼로 전달했다.

● 신맛 캔디, 노벨 슈퍼 사워 캔디

노벨(NOBEL)의 슈퍼 사워 캔디(Super Sour Candy)는 강한 신맛이 나는 사탕임을 표정을 통해 강력하게 전달하고 있다.

● 효과 빠른 진통해열제, 게보린

'두통, 치통, 생리통엔 게보린'이라는 메시지를 수십 년째 이어오고 있다.

(2) Combine: B+C, B+N의 결합으로 ESP를 분명하게 만든다

두 번째, Combine 발상단계이다. 이 세상 모든 아이디어는 결합을 통해 이루어진다. B+C, B+N의 결합으로 소비자 이익인 ESP를 분명하게 하는 방법이다. 결합은 자연스럽게 낯설게 만들기가 가능해져 차별화를 꾀할 수 있는 방법이기도 하다. 결합은 자연스럽게 기존의 규칙을 깨게 되어 의외성과 차별화된 아이디어에 가까워진다는 장점이 있다. 그렇다면 무엇과 무엇을 결합하면 소비자 이익인 ESP가 분명하게 드러나고 차별화될까?

요즘같이 정보가 넘치는 세상에서는 꽤 좋은 소비자 이익도 평범하게 표현하면 흥미를 끌지 못한다. 비슷비슷한 제품과 메시지들이 너무 많기 때문이다. 광고가 만나는 대부분의 문제는, 눈에 띄지 않거나, 새롭지 않거나, 매력적이지 않은 평범한 아이디어 때문에 강력한 소비자 이익이 있어도, 소비자들에게 전달되지 못해 사라지는 제품이 너무 많은 것이다. 이런 경우 결합의 방법은 좋은 돌파구가 되어 잘 보이지 않는 소비자 이익을 잘 보여 줄 수 있다.

결합은 두 가지 이상을 너하는 것이나. 쉽게 말해 A와 B를 더해 ESP를 분명하게 보여 주는 것이다. 결코 멋있게 하는 것이 아니다. 일반적으로 서로 거리가 먼 것끼리 결합하여 ESP를 새롭게 보여 줄수록 의외성이 높아져 결합의 효과는 높아진다. 즉, A+B보다 A+C가, A+E가 나아가 A+Z의 결합이 결합의 효과가 더 높다. 만약 A+B=10이라면, A+C=20, A+E=40, A+Z=80이 되거나 800이 될 수도 있다.

그렇다면 결합만 하면 효과가 높아지는가? 당연히 아니다. 잘못 결합하면 그냥 담담하게 ESP를 말한 것보다 못할 수 있다. 결국 결합의 성공여부는 표현과 소비자 이익의 관계 만들기에 있다. ESP가 분명하게 드러나 소비자 이익이 분명해질수록 멋, 놀라움, 새로움 그리고 의미는 더 증폭된다. 메시지가 분명할수록 강력한 임팩트가 생기고 차별화가 만들어진다. 당연히 관심과 구매로 이어질 것이다.

Combine 광고사례

● 대한독립만세+Made in Korea, 공영쇼핑

공영쇼핑은 국내 일자리 창출, 공정한 상품 판매 등의 목적으로 출범한 기업이다. 2019년 1월 1일부터 중소기업과 한국제품(Made in Korea)만 취급하고, '대형 홈쇼핑'에 진출하기 힘든 중소기업들의 제품들을 중점적으로 지원하고 있다. 공영쇼핑은 3 · 1운동 100년, 임시정부수립 100년의 '조국 독립'의 의미와 '중소기업이 살아야 나리기 산다.'는 '경제독립'의 메시지를 결합하여 제2의 독립투사 캠페인을 진행하였다. 열 명의 중소기업 대표를 열 분의 독립투사와 결합하여 경제독립이 곧 독립운동의 정신을 이어가는 것이라는 메시지를 전달했다. 중소기업 대표들은 자신들이 하는 일이 경제독립운동이라고 생각한다는 메시지이다.

주방용품을 만드는 이육사2(이철수 대표), 들깨를 만드는 권기옥2(이인향 대표), 김치공장을 운영하는 유관순2(유정임 대표), 쌀 증산왕 이봉창2(김연도 대표), 여성복 디자이너 김마리아2(김혜

정 대표), 채소·잡곡을 생산하는 남자현2(조금자 대표), TV를 만드는 김구2(김영배 대표), 젓갈을 만드는 안중근2(김정배 대표), 축산유통을 하는 윤봉길2(이재만 대표), 요리 기구를 만드는 윤동주2(이재우 대표) 등이다. 그들은 오늘도 태극기를 흔드는 마음으로 신제품을 만들고, 공장 문을 열고, 잘사는 농촌을 꿈꾼다. 그들도 독립투사이다. 그들에게 '대한독립만세'와 'Made in Korea'는 같은 뜻이기 때문이다.

광고 5편의 인물들

- **이육사**(1904년 4월~1944년 1월)
  의열단에 가입하여 독립투쟁을 하였으며, 죽음으로 일제에 항거한 시인으로도 잘 알려져 있다.

- **권기옥**(1901년 1월~1988년 4월)
  한국 최초의 여성비행사로 중국군에 10여 년 복무하며 항일운동을 하였고, 임시정부에서도 활동하였다.

- **유관순**(1902년 2월~1920년 9월)
  아우내 장터에서 군중에게 태극기를 나눠 주는 등 만세시위를 주도하다 체포되어 18세의 나이로 순국하였다.

- **이봉창**(1900년~1932년 10월)
  금정청년회, 한인애국단에서 활약한 독립운동가이다. 일왕 히로히토에게 수류탄을 던졌으나 실패하고 체포되었다.

- **김마리아**(1892년 6월~1944년 3월)
  대한민국애국부인회 회장을 지낸 교육자이자 독립운동가이다. 도쿄 유학 시절 2·8독립선언에 참여하였으며, 임시정부 군자금 지원에도 큰 힘을 보탰다.

이 땅의 중소기업과 임시정부, 중소기업 대표들의 정신과 3·1운동 정신의 결합, 독립투사들과 두 번째 독립투사의 결합으로, 두 번째 독립운동으로서 쇼핑이 애국이 되도록 하여 중소기업을 응원했다. 특히 2019년 여름에 도발된 일본의 무역침략에 대응해 일상화한 일본제품 불매운동과 맞닿은 캠페인으로 공영방송이 해야 하는 메시지를 전달하였다.

● 장기실종아동 찾기, 호프테이프 캠페인

'Hope+Tape'를 결합하여 호프테이프(Hope Tape)를 만들고, '실종아동+택배'를 결합하여 희망을 만들었다. 호프테이프는 희망이 되었다.

경찰청에서는 '실종아동의 날(5월 25일)'을 맞아 2020년 5월 20일부터 1개월간 제일기획·우정사업본부·한진택배와 함께 장기실종아동 찾기 캠페인 '호프테이프'를 진행했다. 호프테이프란 실종아동 정보가 인쇄된 포장용 박스테이프를 지칭하며, 이를 부착한 택배물은 전국 각지로 배송되어 장기실종아동에 대한 관심을 유도하는 임무를 수행하는 것이다. 호프테이프의 주요 특징은 표면에 경찰청에서 제공한 '나이변환 몽타주'가 인쇄되어 있다는 점이다. 실제 2016년 6월경 나이변환 몽타주를 배포하여 38년 전 실종자를 찾은 사례도 있었다.

호프테이프에는 장기실종아동 28명의 실종 당시 모습, 경찰의 나이변환 몽타주 기술로 제작한 현재 추정 모습, 실종 장소, 신체 특징 등의 정보가 인쇄되어 있다. 경찰청의 '안전Dream 앱'으로 바로 연결되는 QR코드를 넣어 실종아동 신고 및 검색, 실종아동 예방을 위한 지문 사전 등록도 가능하다.

호프테이프로 포장된 택배상자는 택배를 전달하는 사람이나 받는 사람 모두가 장기실종 아동정보를 얻을 수 있게 하여 관심을 유도한 공익캠페인이다. '집집마다 찾아가는 택배상지가 실종아동을 찾는 희망이 됩니다.'라는 메시지를 기반으로 한 이 캠페인은 아이들을 잃고 고통 속에서 시간을 보내고 있는 가족들의 마음을 어루만져 주면서 아직까지 세상에 희망이 있음을 전달했다.

● **가맹점이 많아 어디서나 안전하게 사용할 수 있는 마스터카드**

마스터카드는 일반인이 사용하는 범용카드이다. 연회비가 많은 멤버십카드가 아니다. 멤버십카드를 갖고 다니면 폼은 날지 몰라도 많은 곳에서 "저희들은 ○○카드는 받지 않습니다. 혹시 다른 카드 없으십니까?"라는 서래낧가의 소리를 듣게 되

제3부 아이디어 발상

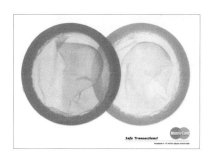

는 경우가 있다. 낭패다. 마스터카드는 가맹점이 많기 때문에 이러한 낭패를 말끔하게 씻어 준다는 메시지를 전하고자 하였다. 비주얼이 이 광고의 핵심이다. '붉은색 콘돔+노란색 콘돔'으로 마스터카드 심벌을 만들고 헤드라인으로 '안전한 거래'라고 적었다. 왜 안전한가? 원치 않는 임신이나 성병 등에 안전하기 위해 콘돔을 사용하는 것은 필수적이다. 상식이다. 마스터카드를 사용하면 전국에 가맹점이 많기 때문에 "혹시 다른 카드 없으세요?"라고 거절당하는 상황 없이 안전한 거래를 할 수 있다는 메시지이다. 가맹점이 많다는 평범한 메시지를 결합의 아이디어로 누구도 지나치지 못할 차별화된 광고를 만들었다.

● 외출해서도 집을 제어할 수 있는 모바일 홈 제어, 포르툼

포르툼(Portum Oyi)은 1998년 설립된 핀란드 최대 에너지 기업인데, 모바일 원격제어 시스템을 추가했다. 광고는 '외출상황+집안 상황'의 결합으로 만들어졌다. 광고의 왼쪽의 상황은 외출한 상황이고, 오른쪽은 깜빡 잊고 나온 집안 상황이다. ①

①

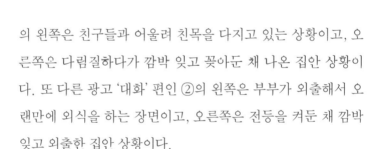

②

의 왼쪽은 친구들과 어울려 친목을 다지고 있는 상황이고, 오른쪽은 다림질하다가 깜박 잊고 꽂아둔 채 나온 집안 상황이다. 또 다른 광고 '대화' 편인 ②의 왼쪽은 부부가 외출해서 오랜만에 외식을 하는 장면이고, 오른쪽은 전등을 켜둔 채 깜박 잊고 외출한 집안 상황이다.

주인공은 깜빡 잊고 나온 집안의 문제를 외출해서도 모바일로 간단하게 제어할 수 있음을 긴 팔을 이용하여 문제를 해결함으로써 보여 준다. 외출 장소에서 깜박 잊고 나온 다림질 코드를 직접 손으로 뽑듯이 코드를 뽑고, 끄지 않고 나온 전등을 끄는 상황을 '긴 팔'을 통해 직관적으로 표현했다. 다시 말해 당신이 어디에 있어도 당신은 집안을 마음대로 제어할 수 있도록 연결되어 있다는 메시지를 전달하는 것이다.

● 엉덩이가 예뻐 보이는 진 바지, 돌체앤가바나

반대 상황의 '벌룬+벌룬'의 결합, '사랑에 빠져 있는 여자+딴 생각을 하고 있는 남자'의 결합이 이 광고의 핵심이다. 광고를 보면, 여자와 남자가 만나 데이트를 즐긴다. 서로 안아 주고 있는 상황이다. 그런데 두 사람의 벌룬이 다르다. 여자의 벌룬은 하트이니, 남자 품에 안겨 사랑에 취해 있다고 짐작할 수 있다. 남자의 벌룬은 뒤집어진 하트이다. 무슨 뜻인가?

남자는 무슨 생각을 하고 있을까? 궁금증은 남자의 벌룬과 여자의 엉덩이를 비교해 보면 남자가 지금 무슨 생각을 하고 있는지 단박에 알 수 있다. 아뿔싸, 남자의 벌룬과 여자의 엉덩이가 닮아 있다. 남자는 사랑에 빠져 있는 것이 아니라, 여자의 예쁜 엉덩이를 상상하고 있다. 남자의 속마음이 시커멓게 된 이유는 다름 아닌 여자 친구의 엉덩이가 너무 예뻐 보였기 때문이나. 남자의 잘못이 아니라, 잉딩이를 예삐 보이게 민든 돌체앤가바나(Dolce & Gabbana) 진의 잘못이 크다는 메시지이다.

● 어린이들의 비만에 대한 사회적 관심을 유도하는 공익광고

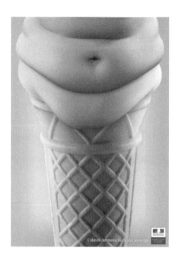

　　프랑스 보건부 광고이다. '흘러내리는 뱃살+아이스크림콘'
의 결합으로 강력한 인상을 남기는 광고이다. '아이스크림을
많이 먹으면 비만이 된다.'는 경고가 담긴 이미지이다. 어린이
는 단 것을 좋아한다. 아이스크림도 좋아한다. 어린이 비만의
원인이다. "비만은 어릴 때 시작된다."라는 헤드라인으로 문제
를 분명하게 이야기한다. 어린이에게 단 것을 많이 먹이지 말
라는 당부와 함께, 어린이 비만에 대한 사회적 관심을 불러일
으키기에 충분하다. 아마도 부모들이 아이들을 설득할 때 좋은
증거가 될 수 있을 것이다.

● 손상된 모발을 부드럽게, 케라시스 헤어클리닉

케라시스(Kerasys)는 프리미엄 헤어클리닉이다. '부드러운 머릿결+아이스크림콘'의 결합으로 하고 싶은 말을 했다. 비주얼을 보면 아이스크림콘에 부드러운 아이스크림이 흘러내리는 것처럼 머릿결이 부드럽게 흘러내리고 있다. 비주얼의 헤드라인은 좌측엔 'Soft', 우측엔 'Ice cream', 즉 'Soft+Ice cream'의 결합이다. 부드러운 아이스크림처럼 부드러운 머릿결을 만들어 준다는 메시지이다. 제품 옆에 적혀 있는 작은 카피는 케라시스가 진짜 하고 싶은 말을 한다. "손상된 모발을 건강하고 부드럽게 해 주는 케라시스" 헤어클리닉 광고이다.

● 지구온난화에서 야생동물을 구하자는 WWF 환경광고

WWF(World Wildlife Fund)는 '아이스크림콘+녹아내리는 지구'의 결합으로 지구온난화의 심각성을 전달하고 있다. 북극의 빙하가 녹으면 해수면이 상승하게 되고, 물의 온도도 높아져 지구의 기온도 상승하게 된다. 그렇게 되면 야생동물도 살 수 없지만, 사람도 살 수 없다.

● 엉덩이를 예쁘게 받쳐 주는 청바지, 코드블루진

누구나 '힙업'이 되는 옷을 원한다. 예쁘기 때문이다. 힙업을 어떻게 말할 수 있을까? 코드블루진(Code Bleu Jeans)은 이 문제를 '엉덩이+브래지어'의 결합으로 간단히 해결했다. 가슴을 예쁘게 받쳐 주는 브래지어를 엉덩이에 채운 비주얼에 "엉덩

제3부 아이디어 발상

이를 예쁘게 받쳐 주는 청바지의 기본 생각"이라는 헤드라인을 더함으로써 힙업을 멋지게 해결했다. 누구나 하는 메시지라도 엉덩이와 브래지어가 결합된 비주얼을 보고 그냥 지나칠 순 없을 것이다.

● 당신에게 딱 어울리는 배우자를 찾아 주는 인터넷 결혼정보 회사, 플러트 머신

독일의 커플매니저 회사 플러트 머신(Flirt Maschine) 광고이다. 서양이나 동양이나 짝을 찾는 일은 참 힘든 일이다. 그것도 중매를 통해서는 더욱 그렇다. '여자+남자'의 결합으로 만들이긴 광고이다. 광고를 보면 왼쪽에는 앞니 두 개만 있는 여자, 오른쪽엔 앞니 두 개만 없는 남자의 비주얼이다. 둘은 활짝 웃

고 있다. "딱 어울리는 배우자를 찾는다면 인터넷 사이트를 방문하라."는 헤드라인을 읽고 나면 갑자기 웃음이 절로 나온다. 결합의 파괴력이다.

● 마스크 속 입 냄새 제거는 자일리톨 껌

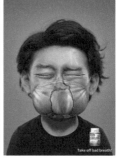

코로나19시대 마스크 착용이 일상화되면서 식사 후 자신의 입에서 나는 고약한 음식 냄새를 스스로 맡을 수밖에 없게 되

제3부 아이디어 발상

었다. 괴로운 일이다. 그렇다면 자일리톨 껌을 씹어 마스크 속 음식물 냄새에 괴로워하지 말고 해방되라는 메시지이다. 음식물 냄새의 대표주자인 꽃게, 양파, 생선을 마스크와 결합하여 음식 냄새의 고약함을 직관적으로 알려 주고 있다(왼쪽부터 마스크+꽃게, 마스크+양파, 마스크+생선의 결합).

● 텀블러를 사용하는 당신이 바로 환경 영웅, 탐앤탐스

탐앤탐스(Tom & Toms) 공모전 수상작이다. 아이디어는 '텀블러+망토'를 결합하여 텀블러 영웅을 만들었다. 종이컵 소모가 많은 것에 착안한 것이다. 한 사람이 매일 종이컵 한 개씩만 아껴도 1년이면 20년생 나무 0.08그루를 심을 수 있고, 그것을 12명이 함께 아낀다면 연간 20년생 나무 1그루를 심는 효과를 볼 수 있다. 텀블러를 사용하는 것만으로도 식목일에 나무를 심는 것과 같은 효과가 나니, 환경을 지키는 환경 영웅이 되는 것이다.

● 가족을 사랑한다면 금연하세요

'담배+담배'의 결합으로 담배 양쪽에 필터가 있는 담배를 만들었다. 헤드라인은 "1인용 흡연은 없습니다."이다. 그 아래 리드카피에는 "당신이 흡연자라면 당신의 아이도 흡연자입니다."라는 카피가 이어진다. 내가 피우면 내 주위에 있는 가족도 피우는 것이 되고, 동료도 피우는 것이 된다. 담배로 인한 발암물질 등이 고스란히 내가 사랑하는 가족과 동료들에게 피해기가는 것이다. 가족에게, 동료에게 금연으로 당신의 사랑을 보여 주라는 메시지를 전달하고 있다.

● 모두가 우리 아이입니다, 월드비전 기아 돕기

우유병 양쪽에 젖꼭지가 달려 있다. '젖꼭지+젖꼭지'의 결합이다. 헤드라인은 "우리 아이가 마실 우유를 다른 아이에게도"이다. 매년 880만 명의 5살 미만의 아이들이 영양부족과 폐렴, 설사병 등으로 사망하고 있다는 근거를 제시하면서, 2015년까지 사망률을 1/3로 줄이자고 호소하는 광고이다. 왜? 세계의 모든 아이가 바로 우리 아이이기 때문이다.

● 수영으로 멋있는 몸을 만들어 주는 스포츠라이프

　'Sport Life'를 슬로건으로 하는 우크라이나 피트니스센터 스포츠라이프(Sportlife) 광고이다. '뚱뚱한 상체+군살 없는 하체'를 결합했다. 헤드라인은 "물은 당신에게 딱이야(Water fits you)."이다. 누구나 배가 불뚝 나온 모습은 원치 않는다. 피트니스센터에 와서 운동하고 수영을 꾸준히 한다면 위의 뚱뚱한 당신도 아래의 탄탄한 모습이 될 수 있다는 메시지이다.

● 구취제거제, 오돌

　입 냄새에 관한 한 누구도 자유롭지 못하다. 조심스럽다. 자신은 의식하지 못해도 상대방은 안다. 입 냄새의 심각성을 '입+

　　　　　　　　　　　　　　　　　　제3부 아이디어 발상

재떨이'를 결합한 비주얼로 직관적이고 강력하게 해결했다. 거기다가 헤드라인도 강력하다. "닥치든지, 아니면 오돌(Odol)을 사용하라." 누가 이 광고를 보고 구취제거제를 준비하지 않겠는가?

● **구강 관리의 중요성, 리스테린**

구강청결제 리스테린(Listerine) 광고이다. '입+변기'의 결합으로 평상시에 구강청결제를 사용하지 않으면 입에서 시궁창 같은 냄새가 난다는 메시지를 전달한다. 비주얼을 보는 것만으로도 끔찍하다. 이 광고를 보고도 구강청결제를 사용하지 않을 사람이 있을끼?

● 칼로리 걱정 없는 다이어트 식빵, 아이디얼 토스트

아이디얼 토스트(IDEAL Toast)에서는 '식빵+체중계'를 결합했다. 식빵으로 제중계를 만늘었다. 식빵 위에 결합되어 있는

제3부 아이디어 발상

체중계의 눈금을 보면 0을 나타내고 있다. 제로 칼로리. 칼로리 걱정하지 말고 안심하고 먹어도 된다는 메시지를 전달한다.

● 진짜 자연색을 표현하는 색연필, 파버카스텔

파버카스텔(Faber-Castell)에서는 '색연필+가지'를 결합하여, "진짜 색(True Colours)"이라는 헤드라인을 붙여 완성했다. 색연필 몸통의 가지색과 색연필 심의 색깔이 같다. 즉, 진짜 자연색을 표현할 수 있는 색연필이라는 것을 쉽게 알 수 있다.

● 안전한 사랑을 위해 콘돔을 사용하자는 공익광고

'콘돔+자물쇠 고리'를 결합한 비주얼이다. 콘돔을 사용하는 것은 자물쇠를 채우는 것과 마찬가지라는 의미이다. 콘돔 사용은 모든 성병과 에이즈로부터 자신을 지켜 주는 가장 안전한 예방법이다.

● 당신의 인상을 바꾸는 모자, 헛웨버

　독일의 헛웨버(Hut Weber) 모자광고이다. 모자 하나로 달라
지는 인상을 '채플린+히틀러'의 결합으로 보여 주고 있다. 히틀
러도 모자를 쓰면 채플린으로 바뀔 수 있듯이, 당신도 당신이
남에게 보이고 싶은 당신의 인상을 모자 하나로 바꿀 수 있다
는 메시시이나.

● 대화하면 전쟁을 없앨 수 있다, 어닷

2014년 일본의 비영리단체 어닷(adot.com)에서 '우크라이나-러시아' 간 갈등의 평화로운 해결을 위해 세계의 지도자들에게 대화를 촉구하는 광고이다. 헤드라인은 "대화는 전쟁을 죽인다(Words kill wars)."이다. '권총+확성기'의 결합으로 언어 폭력은 곧 살인과 같이 위험함을 표현했다. 말이 사람을 죽이는 도구가 될 수 있다.

● 불가능이 없는 컬러 통합, 베네통

도저히 이루어질 수 없을 것 같은 '김정일+이명박'의 키스로 베네통(Benetton)의 패션철학인 "베네통의 컬러 통합(United colors of Benetton)"을 강력하게 전달했다.

● 경쟁업체도 이용하는 페덱스

FedEx.

배송업체 '페덱스+DHL'의 결합이다. 경쟁배달업체인 DHL도 페덱스를 이용한다는 메시지이다.

(3) Association: 에둘러 말하여 ESP를 더 분명하게 만든다

세 번째, Association 발상단계이다. 즉, 연상이다. 소비자 이익을 에둘러 말하면서 소비자 이익이 분명하게 드러나게 하는 방법이다. 연상(聯想)은 은유, 환유, 직유, 비유 등 수사법을 이용한 의미연결 발상이다. 연상의 발상도 결합의 발상처럼 서로 거리가 멀면서 관세 만들기가 이루어지면 비 아이디어가 될 가

능성이 높아진다.

에둘러 말하기는 소비자 이익, 즉 ESP를 더욱 분명하고 가치 있게 나타내는 것이다. 요즘같이 제품의 능력이 비슷비슷해진 상황에서 곧이곧대로 소비자 이익을 말하면 관심을 끌기 어렵다. 관심을 끌지 못하면 제품의 능력은 보이지 않는다. 그래서 평범한 것을 새롭게 만들어 비범하게 만드는 순질이화(淳質異化)적 발상, 즉 낯설게 만들기가 요구되는 것이다.

X는 Y라고 말하는 것이 아니라, X는 A같기도 하고, B스럽기도 하며, C일 수도 있는 것 등으로 연결하여 확장된 의미관계가 만들어지면, 소비자는 재미와 의미를 느끼게 되고 새로운 가치도 발견하게 된다. 언제나 그렇듯이 문학적 수사법은 아이디어를 보다 감칠맛 나게 만들어 주는 역할을 하여 공감도를 높인다.

잊지 말아야 할 것은 연상(연결)을 통해 아이디어를 감칠맛 나게 하는 이유는 소비자 이익을 분명하게 보여 주기 위한 것이지, 멋있고 아름다운 광고를 만들기 위함이 아니다. 연상의 발상법으로 소비자 이익이 분명하게 전달되면, 소비자는 그 광고를 자연히 멋있고, 새롭고, 믿을 수 있는 광고로 인식한다. 쉬워야 강력한 인상이 남고, 분명해야 강력한 매력을 갖게 된다. 수사법을 활용하든, 도상·지표·상징을 이용하든 소비자 이익이 잘 보이게 해야 한다. 타이어 광고의 카피가 "한 번이라도 당신의 목숨을 구했다면 잘 고르신 겁니다."라고 한다면 연상을 잘 이용한 아이디어이다. 제발 문학적 취향에 빠지지 않기를 바란다.

Association 광고사례

● 비만, 불가능은 없다, 365mc병원

2016년, 365mc병원은 비만치료 광고를 론칭했다. 그렇다고 '지방흡입주사 람스'를 맞아야 비만이 개선된다고 대놓고 말하지 않았다. 그들은 기존의 위인들을 '지방위인'으로 비유 또는 대체하여 자신들이 하고 싶은 말을 연상하도록 했다. 그들은 나폴레옹, 베토벤, 소크라테스, 공자, 파라오 등 위인을 소환했다. 나폴레옹은 빼볼래용, 베토벤은 빼토벤, 소크라테스는 소크라빼스, 공자는 빼자, 파라오는 빼라오로 바꾸어 '지방위인'을 만들었다. 등장인물도 아이디어의 코믹한 억지스러움에 맞추기 위해 오동통한 비주얼로 처리하고, 그들의 명언을 다이어트와 연결해 표현하였다. 패러디를 통한 연상의 아이디어로 소비자들에게 큰 관심을 받은 사례이다.

빼볼래용은 '비만, 불가능은 없다, 람스', 빼토벤은 '이것은 운명이다, 람스', 소크라빼스는 '네 지방을 알라, 람스', 빼자는 '지방, 백문이 불여일견, 람스', 빼라오는 '비만해결의 새로운 신화, 람스'로 처리하고, 좌측 하단에 공통적으로 지방흡입주사 람스는 원하는 부위의 지방을 빼서 '빠진 지방을 바로 보여 준다.'는 메시지를 전달하여 단숨에 '비만치료엔 람스', 비만치료엔 '365mc람스효과'를 각인시켰다.

지방제거나 다이어트는 누구나 말하지만, 누구도 잘 믿지 않는 메시지이다. 그저 말이 그렇다는 정도로 치부한다. 하지만 365mc병원은 그 흔한 다이어트를 직접 말하지 않고 지방위인들을 등장시켜 에둘러 말하여 재미와 흥미를 끈 다음, 다이어트와 연결시키고, 최종적으로 ESP인 '빠진 지방을 바로 보여 준다.'는 메시지로 소비자의 신뢰를 얻어 공전의 히트를 했다. 즉, 직접 말하면 아무도 들어 주지 않을 메시지를 '지방위인'들을 통한 연상으로 자신들이 전달하고 싶은 메시지를 충분히 전달했다.

● Feel the Rhythm of KOREA, 한국관광공사

한국관광공사는 2020년, 세계적인 대세인 K-콘텐츠를 이용하여 한국방문 홍보영상을 만들었다. 코로나가 막 시작되었기 때문에 아무리 '웰컴투코리아'라고 외쳐본들 소용이 없었기 때문에 K-콘텐츠를 이용하여 함께 춤추자는 영상으로 진짜 한국의 문화를 연상할 수 있게 하였다. 신명나는 가락과 춤사위는 한국문화의 속살을 느낄 수 있게 해 주었고, 외국인들에게 한국방문의 매력도를 한층 더 높여서 방문하고 싶은 나라로 각인시켰다.

서울 편은 밴드 이날치의 '범 내려온다'와 댄스크루 앰비규어 스댄스컴퍼니의 춤사위로 만들어졌다. 중독성 있는 가락과 춤은 청와대, 삼성 리움 갤러리, 덕수궁, 자하문터널을 지나 동대문역사문화광장에서 마무리된다. 이 영상은 한국문화의 숨겨진 속살을 감각적으로 보여 주는 계기가 되어 '1일1범'이라는 유행어를 만들어 낼 만큼 외국인들 마음속에 한국이라는 브랜드를 각인시킨 관광 캠페인이 되었다. 1차로 서울, 부산, 전주 편이, 2차로 안동, 목포, 강릉 편이 제작되어 시리즈로 방영되어 큰 호응을 얻었다. 단순하면서도 한국적 인사이트를 보여 주는 춤사위와 가락이 한국을 연상하게 하는 키 메시지로 적용된 예이다. '2020 Feel the rhythm of Korea'의 총 조회 수는 2억 8800만 뷰로 해외 조회 수는 2억 6200만 뷰, 국내 조회 수 2669만 뷰를 기록했다. 2020, 2021년으로 이어진 누적 조회 수 9억 뷰를 달성했다.

● 국산의 힘, 이마트 상생프로젝트

국산농산물의 품질의 우수성을 제품의 스토리와 퀄리티를 통해 국산의 힘이 대단하다는 것을 연상시키는 캠페인이다. 이마트는 우리나라 농어촌에서 생산된 고품질의 농수축산물을 기획판매했다. 상품의 재배 및 수확과정에 숨어 있는 스토리를 발굴하여 프리미엄 신선식품에 대한 신뢰를 높여 판매자와 소비자 모두에게 득이 될 수 있는 커뮤니케이션을 진행하였다.

국산의 힘 캠페인은 5편의 시리즈로 제작됐다. 달콤한 맛이

입안에서 터지는 달콤한 시한폭탄 '샤인머스캣', 남해 생굴 '굴토
피아', 예쁘기도 하면서 맛있기까지 한 경북 문경 '감홍사과', 왕
은 태어나는 것이 아니라 키워지는 것이라며, 나는 왕이라고 말
하는 '왕망고' 그리고 경기 안성의 거대신인 '황제버섯' 등의 제품
과 관련된 스토리를 발굴해 고품질을 연상시켜서 국산의 힘이
곧 프리미엄임을 각인시키는 효과를 거두었다. 이 캠페인은 판
매자는 좋은 값에 팔아서 좋고, 소비자는 질 좋은 우리 농산물을
맛볼 수 있게 되니 서로 위위하는 캠페인이라 할 수 있다.

● 한국지형에 강한 삼성애니콜

1995년, 모토롤라가 한국 휴대폰 시장의 80%의 압도적 M/S를 차지하고 있었던 상황이었다. 삼성애니콜은 경쟁제품이었던 모토롤라보다 제품성능에서 전반적으로 우세하지 않았고, 디자인에서도 밀리고 있었으며, 통화품질에서도 모토롤라와 큰 차이가 없었다. '애니콜'은 휴대폰의 통화품질을 판단하는 지표인 통화성공률에서 겨우 1% 남짓의 우위를 점하고 있을 뿐이었다. 이러한 상황에서 애니콜은 어차피 제품싸움에서는 이길 가능성이 없었기에 싸움의 장소를 제품에서 고객의 심리로 이동시켰다.

즉, 평지로 이루어진 미국에서 사용하는 휴대폰과 70%가 산악지형인 한국에서 사용하는 휴대폰은 달라야 한다고 주장하여 한국인들의 심리를 파고들었다. 평지와 산악지형의 비교에서 한국인들은 '맞아, 그럴 수 있네.'라고 연상하도록 '한국지형에 강하다.'라는 키워드를 채택하였는데, 이 점이 소비자들의 심리타점을 두드려 휴대폰 시장은 역전되었다. 모토롤라가 1위를 유지하다가 1위를 뺏긴 경우는 한국이 처음이었다. 한국 마케팅 및 광고 역사의 한 장면이 된 것이다.

● 숙취해소에 좋은 남자들의 헛개차, 광동제약

'어젯밤 너 떡 됐어' '어제 저녁 나 떡 됐어' 술을 많이 먹고 난 뒤 우리가 흔히 하는 말이다. 대한민국에서 살아가는 평범한 남자들에게 술 마시는 일은 피할 수 없는 일이다. 광동제약의 '헛개차' 광고는 콕 찍어서 남자들의 차라고 말한다. "떡은 사람이 될 수 없지만, 사람은 떡이 될 수 있다."라는 카피로 소비자들의 동의를 얻은 다음, 헛개차를 마시고, 숙취해소를 잘 해서 힘찬 하루를 시작하라는 메시지이다.

영상광고는 술이 취해 버스에서 떡이 되어 흔들리고 있는 비주얼 하나로 술에 취한 사람들의 인사이트를 절묘하게 표현하고 있다. 남자라면 누구나 그러한 경험이 있기 마련이니까. 피할 수 없는 술자리라면 헛개차를 잘 챙겨먹어서 떡이 되지 말라고 당부하는 것이다. 남자들의 차라고 했지만 술을 즐기는 여자들이 마셔도 좋다.

● 입안에서 톡톡 터지는 츄파춥스 사탕

기포 알갱이가 들어 있어 입안에서 톡톡 터지는 fizzy powder같은 사탕 맛을, 밤하늘에 아름답게 펼쳐지는 불꽃놀이에 비유하였다. 아이들이 츄파춥스 사탕을 빨아 먹고, 핥아 먹는 재미를 축제의 시간처럼 표현한 것이다.

츄파춥스는 1958년에 스페인에서 만들어졌고, 꽃무늬 로고는 '살바도르 달리(Salvador Dali)'의 1969년 작품이다. 우리나라에는 1982년 소개되었고, 1997년부터 농심에서 수입·판매하고 있다. 츄파춥스 광고는 언제나 단순하면서도 명쾌하다. 그들이 가진 이미지는 사탕에서 느껴지는 달콤함, 로고에서 우러나오는 색색의 영롱함을 준다. 특히 막대와 사탕의 결합이라는 형태적 이미지로 츄파춥스만의 상징 이미지를 만들어 내고 있다.

● 숙취 없는 깨끗한 아침, 하이생 숙취환

타이포그래피로 직장의 회식문화를 절묘하게 표현하였다. 일반적으로 회사 회식을 가게 되면 높은 사람부터 고주망태가 된다. 물론 실상은 그렇지 않겠지만 심리적으로 공감할 수 있는 설정이다. 그만큼 직급이 높은 사람은 다음날 걱정 없이 마음 편하게 술을 마시고, 사원급은 회식자리에서도 정신줄을 놓아서는 안 되는 것이다. 비주얼이 된 글씨를 읽어 보면 단박에 알 수 있다. 술 취한 김 부장, 술 취한 박 과장, 술 취한 최 차장,

술 취한 강 대리, 숙취환 하 사원. 직장에서 회식 후 다음 날 아침의 풍경이 연상된다. 이제 직장 생활을 시작하는 하 사원은 회식자리에서도 정신을 차려야 한다. 똑똑한 하 사원은 숙취환 덕분에 다음날 숙취 없는 환타스틱한 아침을 맞이한다는 메시지이다.

● 굿바이 폴, 헤지스

일종의 비교 광고 또는 스캔들 광고이다. 경쟁사에 싸움을 걸어서 존재감을 남기고자 하는 광고이다. 광고의 비주얼은 타고 가던 자전거를 세워 놓고 헤지스(HAZZYS) 매장으로 들어가는 여자의 뒷모습과, 타고 가던 말을 세워 놓고 헤지스 매장으로 들어가는 남자의 뒷모습을 보여 주고 '굿바이 폴'이라는 헤드라인을 썼다. 카피의 '폴'은 경쟁사인 빈폴의 자전거와 폴로의 말을 연상시킨다. '굿바이 폴'은 폴로와 빈폴과 이별하고 헤지스를 입으라는 뜻이다. 헤지스 광고는 '비교인가, 비방인가'의 논란을 낳으면서 화제를 모았다. 신생브랜드 헤지스의 3위

자리를 굳히고자 스캔들을 유도하는 광고 론칭 전략은 성공했다고 볼 수 있다.

● 대용량이면서 놀라울 정도로 빠른 킹스턴 USB 메모리

들판을 하마가 빠르게 달리고 있는 비주얼이다. 일반적으로 몸집이 크면 느려지고, 몸집이 작으면 빠른 것이 상식이지만 광고의 비주얼은 그렇지 않다. 킹스턴(Kingston) USB 메모리는 용량이 크면서도 빠르다는 메시지를 몸집이 큰 하마와 빠른 얼룩말에 비유했다. 즉, 용량이 큰 하마의 장점과 빨리 달리는 얼룩말의 장점을 연결하여 연상을 부른 것이다. 하마처럼 크고, 속도는 얼룩말처럼 빠르다는 것을 하마의 몸에 얼룩말 무늬로 대용량 USB 메모리라는 것을 연상시킨다. 두 번째 광고는 고래의 용량에 표범의 빠르기로 비유하여 대용량 USB 메모리를 연결했다.

● 찬바람 불 때, 핫초코 미떼

2003년부터 현재까지 조금씩 소재를 바꿔 가면서 지속하고 있는 캠페인이다. 매년 11월 초 찬바람이 불기 시작하면 '핫초코 미떼'를 연상하게 되는 것은 이상한 일이 아니다. 연상이라기보다 각인되었다고 표현해도 무리가 없다. 지난 20년 동안 모자, 부부, 부자 등 모든 따뜻한 관계를 표현하면서 핫초코 한 잔이 주는 따뜻한 행복을 보여 준다. 예시광고는 박완규의 '도플갱어' 편이다. 개들도 주인을 잘 알아보지 못하는 웃지 못할 상황을 설정하지만, 찬바람 불면 생각나는 핫초코 미떼의 따뜻함은 전해진다.

● 음주운전은 자살행위, 오스트리아 캠페인

은쟁반 위에 6개의 잔이 보인다. 5개의 잔에는 물이 차 있고, 1개의 잔에는 술이 담겨 있다. 은쟁반의 비주얼은 미처 러시안 룰렛을 상징하는 리볼버 권총의 실린더를 연상하게 한다. 카

피를 읽어 보면 그 뜻을 분명하게 알 수 있다. "단 한 잔의 술에 모든 것을 걸지 말라. 음주운전을 하지 말라(With just one shot you risk everything. Don't drink and drive)." 음주운전은 러시안 룰렛 게임으로 죽음을 자초하는 것과 같다는 행위임을 강력하게 전달한다. 오스트리아에서 진행된 캠페인이다.

● 향기 좋은 섬유유연제, 소프란 울트라

럭비경기 중 격렬하게 몸싸움이 벌어지고 있는 상황이다. 그런데, 그들의 표정이 전혀 격정적이지 않다. 상대방을 저지하려는 몸싸움이 아니라, 상대방에게 안겨서 필사적으로 떨어지지 않으려는 모습이다. 이거 무슨 어이없는 상황인가 싶다. 오른쪽 하단의 제품을 보니 말레이시아의 섬유유연제 브랜드 소프란 울트라(Softlan Ultra)가 놓여 있다. 섬유유연제? 아하! 섬유유연제의 부드러운 향기 때문에 저렇게 꼭 껴안고 있었던 것이라는 것을 쉽게 연상할 수 있다.

● 오디오북을 판매하는 크로스워드 서점

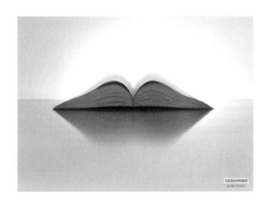

펼쳐진 책의 그림자로 섹시한 '입술'을 만들었다. 책은 윗입술이 되고, 반사된 바닥부분은 아랫입술이 되었다. 이것만으로는 무엇을 말하는지 알기가 어렵다. 오른쪽 하단의 로고로 눈을 옮기면 일순간에 입술의 의미를 연상할 수 있다. 바로 오디오북을 파는 크로스워드 서점(Crossword Bookstores) 광고이기 때문이다. 입술로 만든 오디오북? 매력적이지 않은가?

● 칫솔 같은 껌, 롯데 자일리톨

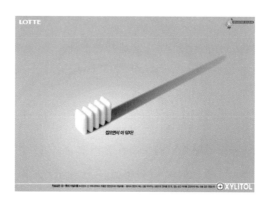

가지런히 세워져 있는 자일리톨 껌은 칫솔모를 연상시킨다. 그 그림자를 길게 늘여 놓으니 칫솔처럼 보인다. 그렇다. 껌으로 칫솔을 만들었다. 헤드라인은 "씹으면서 이 닦자!"이다. 보디카피에서 칫솔 같은 껌인 자일리톨로 입 냄새를 제거하는 껌이라고 확실하게 마무리한다. 물론 그 근거는 핀란드산 자작나무에서 추출한 천연 감미료가 충치의 원인을 막아 준다는 내용이다.

● 또 다른 당신을 만들어 주는 콜레스톤 Hair Lips 염색약
탐스러운 머릿결을 섹시한 입술로 연상할 수 있도록 하였다.

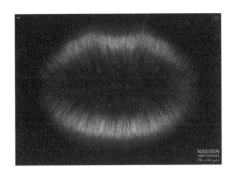

립스틱만큼이나 다양한 헤어컬러가 있다고 말하면서, 콜레스톤(Koleston) 염색약을 사용하면, 당신이 원하는 이미지의 머릿결을 만들어 또 다른 당신, 즉 새로운 당신이 될 수 있다는 메시지를 전하고 있다. 이성으로부터 주목받고 싶고, 키스받고 싶은 여성들의 심리를 잘 관통하는 메시지이다.

● 대학생의 팀(team) 활동, 피로회복에도 박카스

2000년 이후 젊은이의 피로회복제로 자리 잡은 박카스가 대학생의 과제나 팀 활동작업에도 동참했다. "자, 시작이다! 마지막 병을 비울 때쯤이면……."이라는 헤드라인으로 아이디어가 필요한 대학생의 공부피로도 풀어 준다는 접근이다. 박카스와 함께 아이디어 탐색을 시작하면 마지막 병을 마실 때쯤이면 빅아이디어를 찾을 수 있을 것이라는 추측을 하게 한다.

● 절대 포기할 수 없는 아이스크림, 프레도

아이스크림을 들고 자랑하며 까불다 발을 헛디뎌 넘어져 무릎이 깨지는 순간에도(초콜릿 맛), 잔디에서 뒤집어지는 순간에도(딸기 맛), 심지어 계단에서 구르는 순간에도(민트 맛) 프레도(Freddo)의 맛있는 아이스크림만은 절대로 포기할 수 없다는 아이의 비장함(?)이 엿보이는 재미를 주는 광고이다. 아이스크림을 놓치고 싶지 않은 아이들의 만국공통의 마음을 잘 연상시켜 주고 있다.

● 맥도날드에서 마시는 고급 원두커피, 맥카페
언뜻 보면, 까맣게 탄 햄버거를 연상시킨다. 뭐지? 이게 뭐

야? 햄버거를 왜 이렇게 태웠어? 놀라서 다시 살펴보니, 햄버거가 아닌 커피원두이다. 다름 아닌 맥도날드에서 질 좋은 원두커피를 마실 수 있다는 말이 연상될 수도 있고, 이제 맥도날드에서 모닝커피를 즐길 수 있다는 말도 연상된다.

● 살아 있는 음질을 들을 수 있는 소니 이어폰

이어폰에 천재작곡가 모차르트를 연상시키는 가발을 씌우고
"안녕, 모차르트(Hello, Mozart)"라는 헤드라인을 썼다. 보디카
피에서 '다섯 살에 작곡을 시작한 음악의 신동, XBA 사운드로
살아 있는 그의 선율을 느낀다.'라고 썼다. 소니(SONY) 이어폰
은 천재의 음악을 원음의 살아 있는 음으로 들을 수 있다고 말
하고 있다.

● 임신을 원하지 않는다면, 듀렉스 콘돔

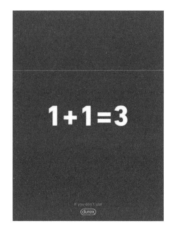

청춘남녀가 만나 섹스를 하면 아이가 생긴다. 1+1=3이 된
다. 만약 원치 않는 임신이라면 낭패다. 듀렉스(durex)는 말한
다. "만약 당신이 듀렉스 콘돔을 사용하지 않는다면"이라고 콕
찍어 말하면서 그 결과를 1+1=3이라는 등식으로 분명하게 전
달하고 있다.

제3부 아이디어 발상

● 자기 전에 바르는 니베아 나이트 크림

　패키지를 살짝 열어 하현달을 만들어 밤을 연상시켜 밤에 사용하는 나이트 크림임을 직관적으로 전달하고 있다. 'NIVEA night'라는 브랜드네임만으로 하고 싶은 말을 다 하고, 나머지는 소비자의 상상에 맡기는 광고이다. 누가 여기서 다른 것을 상상하겠는가.

● 밤늦게까지 영업하는 맥도날드

　밤에만 켜지는 네온사인의 몽실몽실한 불빛으로 감자튀김, 쉐이크, 햄버거를 연상시키는 비주얼을 만들어 시선을 끌고 있다. 오른쪽 상단의 맥도날드 심벌 아래 "OPEN LATE"라고 적혀 있으니 밤늦게까지 영업을 한다는 메시지를 분명히 하고 있다.

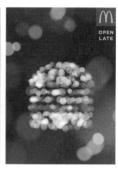

● 엄청난 매운 맛, 타바스코 핫 소스

EXPLODE YOUR SENSE

작은 고추가 매운 것처럼, 타바스코(TABASCO) 핫 소스의 매운맛을 전달하고 있다. 엄청난 매운맛을 수류탄이 터지는 맛과 같다고 비유했다. 헤드라인은 타바스코 핫 소스는 "당신의 감각을 폭발시킬 정노로 맵다."이다.

● 강력한 살충효과, 레이드

우리에게 바퀴벌레 살충제로 잘 알려진 레이드(Raid) 광고이다. 우리의 영웅 스파이더맨도 벌레이니 레이드에 노출되면 꼼짝없이 죽어버리고 만다는 살충효과를 강력하게 연상시킨다.

● 24시간 영업하는 맥도날드

조명등 두 개를 이용하여 맥도날드 심벌을 연상하도록 하였다. 누가 봐도 맥도날드 심벌이다. "Open at night"이라는 헤드라인으로 24시간 영업한다는 메시지를 전달하고 있다.

● 사이즈가 큰 버거킹 햄버거

"정말 큰 버거(Real Big Burgers)" 햄버거가 너무 커서 입술이 찢어져 버렸다는 메시지이다. 도대체 버거가 얼마나 크면 저렇게 반창고를 붙였을까? 연상과 과장의 아이디어이다.

(4) Negative opinion : 반대하여 ESP를 더 분명하게 한다

네 번째, Negative opinion 발상단계이다. 반대 의견을 통해 소비자 이익인 ESP를 더 분명히 드러내는 방법이다. 반대 의견은 언제나 강력하다. 주의를 끌고 흥미를 끈다. 흔히 말하는 역발상이다. 역발상은 반대로 말하고, 뒤집어서 말하고, 주객을 전도해 기존의 규범을 깨기 때문에 차별화된 표현이 가능하다. 반대로 말하는 이유는 소비자 이익을 강력한 긍정으로 이끌기 위함이다. 즉, 제품을 숨기면서 오히려 제품이 더 잘 보이게 하고, 제품을 학대하면서 제품을 더 귀하게 만든다. 개가 사람을 무는 것이 아니라, 사람이 개를 무는 상황을 포착함으로써 뉴스를 만드는 것과 같다. 역발상의 핵심은 부정으로 시작해서 긍정으로 마무리하는 것에 있다. 근거만 뒷받침해 준다면 항상 효과를 낸다. 역발상은 빅 아이디어의 출발점이 되기에 충분하다.

ESP가 없으면 생기는 문제를 보여 준다든지, 전혀 새로운 사용자를 제시한다든지, 아기를 사랑해야 할 사람이 악마가 된다든지 역발상의 소재는 무궁무진할 것이다. 특히, 기존의 고정관념화된 관습에 도전하는 것으로도 소비자의 관심을 이끌어 낼 수 있다.

- 즉흥곡은 절대로 즉석에서 만들 수 없다.
- 지옥으로 가는 길은 항상 온갖 좋은 것들로 포장되어 있다.
- 지혜로운 자는 점점 더 지혜롭게 되고, 무지한 자는 점점 더 무지해진다.
- 이것은 소리 없는 아우성이다.

Negative opinion 광고사례

● 이 재킷을 사지 말라, 파타고니아

스포츠용품 회사 파타고니아(Patagonia)가 2011년 블랙 프라이데이 기간에 『뉴욕타임스』에 게재해서 큰 반향을 일으켰던 광고이다. 사지 말라는 메시지가 사라는 메시지보다 100배 이상의 충격을 준 역발상 광고의 대표적인 예이다.

"이 재킷을 사지 마세요."라는 헤드라인 아래 보디카피에서는 환경을 위해, 미래를 위해, 조금 덜 구매하는 것을 생각해 보라고 말한다. 파타고니아는 환경을 위해 자사의 재킷을 여러 벌 사지 말고 한 벌만 사서 오래 입으라고 말하고 재활용을 권고한다. 기업 또한 자기가 한 말에 진심을 다한다. 파타고니아는 'ESG(Environment, Social, Governance) 경영의 정서'으로도 많이 소개된다.

파타고니아는 "우리의 터전, 지구를 되살리기 위해 사업을 한다."라고 선언하면서 1993년 플라스틱 빈병으로 신칠라(인조 양모) 재킷을 만들었고, 1996년에는 면으로 만든 모든 제품을 100% 유기농법으로 재배한 면직물로 대체했다. 또 환경 피해를 최소화하기 위해 고객들에게 제품 재사용과 수선을 적극적으로 권하고 있다. 파타고니아는 연 매출액의 1%를 매년 환경단체에 기부하고 있다. 제품이 많이 팔리는 만큼 기부금이 늘어나는 구조이다. 단순히 친환경적인 제품을 만드는 데서 그치는 것이 아니라 사업 전반에서 ESG를 지켜간다. 파타고니아에서는 직원들에게 환경운동 활동을 적극적으로 권장한다.

처음에는 부정적 반응도 없지 않았으나 결국 기업의 진정성이 인정되어, 이 광고가 나간 이후 2년 동안 매출은 오히려 40% 이상 급성장했다. 파타고니아의 진정성은 다른 기업에게도 선한 영향을 끼쳐 유기농 순면을 사용하는 브랜드가 다수 등장했다.

● 스스로를 'FCK(제기랄)'이라고 욕한 KFC의 사과광고

2018년 2월, 영국 KFC 매장 870여 곳이 임시 휴업했다. 새로운 배송업체로 선정된 DHL의 배송문제 때문에 닭고기가 제때 공급되지 못해 치킨을 튀길 수 없었기 때문이었다. '치킨 없는 치킨집'이 되어 버린 KFC에 대해 고객들은 불만과 황당함을 토

로했고, 버거킹은 'KFC가 문을 닫아 버거킹으로 갈 수밖에 없었다.'고 인터뷰한 여성 고객에게 1년간 무료 킹박스를 제공하겠다고 나서기도 했다. 닭고기 배송문제 때문에 생긴 이 사태는 의외의 곳에서 오히려 긍정적으로 해결되었다. 사과광고 때문이었다.

KFC의 사과광고는, "치킨 없는 치킨 레스토랑은 이상적이지 않죠, 고객들에게 사과드린다."는 평범한 내용이다. 이 평범한 내용을 강력하게 만든 것은 역발상 비주얼이었다. 치킨을 담는 버킷의 KFC 로고를 'FCK(제기랄)'이라고 표시해서 바닥에 내동댕이친 비주얼이다. KFC가 KFC를 욕한 것이다. KFC의 목소리가 아니라, 고객들의 불만의 목소리를 그대로 대신한 것이다. 소비자들은 주목했다. 이 광고를 계기로 당연히 냉동치킨을 쓰리라 생각했는데 KFC는 매일 신선한 닭고기를 공급받는 사실

제3부 아이디어 발상

이 알려지게 된 것이다. 아, 그래서 그랬구나. 소비자들은 환호했다. 위기를 기회로 만든 역발상 광고사례가 아닐 수 없다.

● 이 폭스바겐은 불량품입니다

멀쩡한 차를 '불량품(Lemon)'이라고 규정하여 폭스바겐의 장점을 더 극대화해 광고의 전설이 되었다. 스스로 자신을 불량품이라고 말하면 사람들은 어리둥절할 것이다. 사람들은 궁금증을 풀기 위해 자세하게 살펴보게 된다. 자세히 살펴보면 내용을 알게 되고, 내용을 알게 되면 이해하고, 이해하면 동감하게 된다. 결국 강력한 메시지가 될 수 있다. 역전의 발상을 위한 좋은 방법이다. 자신을 학대함으로써 오히려 돋보이게 한 것이다. 불량품이라고 말한 이유는 '차체의 크롬이 벗겨져 흠이 난 것을 바꾸지 않으면 안 되기 때문이라고 말한다. 좀처럼 눈에 띄지 않을 정도의 흠이지만 검사원이 발견했고, 공장에는 이런 검사원이 3,389명이 있다.'고 말한다. 그리고 결론은 이렇게 정리했다. '레몬은 저희가 가져가고 자두(Plum: 가장 좋은 부분을 의미하는 속어)만 여러분께 드릴 것입니다.'

　폭스바겐 캠페인은 자동차 광고 역사상 매우 특별한 사례이다. 톤, 스타일, 위트, 불손했던 태도는 역사상 그 어떤 광고보다 많이 모방되고, 오해도 받고, 찬사도 받았다. 지금도 결함이 있는 제품을 광고한다는 것은 놀라운 일이지만, 1961년 당시에는 상상도 못할 정도로 파격적인 일이었다. 그런 파격적인 일을 폭스바겐에선 과감히 시도했다. 폭스바겐은 당시 광고회사 DDB에서 근무하던 아트디렉터 헬무트 크론(Helmut Krone)과 카피라이터 줄리안 쾨니히(Julian Koeig)와 함께 작업했다. 이 폭스바겐 캠페인은 20세기 최고의 광고캠페인으로 꼽힌다. 히틀러가 만든 차를 유태인에게 팔아야 하는 극복하기 어려운 문제들을 크리에이티브로 해결해 냈기 때문이다. 위대한 아이디어는 위대한 솔루션이다.

● 작은 것을 생각하라, 폭스바겐

　폭스바겐의 광고이다. 대형승용차가 휘젓고 다니는 나라에서 모두가 큰 차만을 생각할 때 반대로 "작은 것을 생각하라 (Think Small)"고 말해 장점을 극대화하여 소비자를 고무시켜

광고의 전설이 되었다. 폭스바겐은 작은 차이다. 지금은 작은 것이 단점이 아니지만 그 당시엔 단점이었다. 폭스바겐은 자신의 단점을 부각시키면서, 작지만 제 할 일을 다 하는 차라고 말하여 단점을 장점으로 만들어 버렸다. 크기는 작아도 연비가 높고 성능이 좋으며 가격이 싸다는 이야기이다. 이 광고의 영향으로 1962년 미국 내 수입차 시장의 50%에 달하는 점유율을 차지했다.

일상적으로 크게 보여 줘야 하는 것을 작게, 작게 보여 줘야 하는 것을 크게 보여 줌으로써 기존의 관념을 깨 버리는 역발상은 항상 새로움을 전달하고 충격을 준다. 이처럼 관점의 변화에 의해 생겨나는 새로움은 제품 자체에 새로운 드라마를 만들어 낼 수 있다.

● Just don't do it, 나이키

수십 년간 '그냥 하라(Just do it)'를 외쳤던 나이키가 스스로를 부정하는 자체 역발상 광고를 했다. '그냥 하지 말라(Just don't do it)', 다름 아닌 인종차별문제에 등 돌리지 말라는 메시지였다.

2020년 5월 25일. 미국 미네소타주 미니애폴리스에서 흑인 남성인 조지 플로이드(George Floyd)가 위조지폐 용의자로 체포되는 과정에서 백인경찰의 과잉진압으로 사망했다. 비무장·비저항 상태인 그를 백인경찰이 8분가량 무릎으로 목을 눌러 현장에서 질식사시킨 것이다. 이 사건 영상이 SNS에 퍼지자 시민들은 분노하여 거리로 나왔다. CNN 등에 따르면 사망 사건으로 시작한 시위는 미국 전역 22개 주 30개 도시로 퍼졌다. 유독 흑인에게 과잉 대응하는 경찰의 인종차별적인 태도에 대한 비판의 목소리였다.

2020년 5월 29일(현지시간) 나이키의 공식 SNS 계정에 한 게시물이 올라왔다. "이번만이라도, 하지 말라(For once, Don't Do It)." 그동안 '그냥 하라(Just do it)'를 외치던 나이키가 이례적으로 '하지 말라(Don't do it)'고 말한 것이다. 아무런 이미지 없이 검은 바탕에 흰색 글씨로만 이루어진 이 영상에 사람들은 깊이 공감했다. 나이키는 미국 내에 일상화되어 있는 인종차별을 남의 일이라 모른 척 지나가지 말고, 모두가 인종차별을 없애는 데 동참하자는 목소리를 낸 것이다. 엄청난 반향이 있었다. 경쟁사인 아디다스도 동참했다. 다음은 카피 전문이다.

"이번 한 번만이라도, 하지 마세요. 마치 미국에 문제가 없는 척 외면하지 마세요. 인종차별로부터 등 돌리지 마세요. 무고한 생명을 앗아가는 것을 받아들이지 마세요. 더 이상 어떤 핑계도 말아요. 이 일이 당신에게는 일어나지 않을 거라 생각하지 마세요. 잠자코 쳐다보고 있지만 마세요. 당신이 변화의 일부가 되지 못한다고 생각하지 마세요. 모두가 변화의 일부가 되기를."

● '기발한 상생, 기발한 광고', 신한금융그룹

광고는 기업의 이익을 위해 하는 것이다. 그러나 신한금융은 스타트업 기업을 위한 광고를 하겠다고 선언했다. 이른바 '기발한 광고 프로젝트'이다. 역발상이다. 광고를 해야 하지만 영세한 중소기업이기 때문에 비용문제로 하지 못했던 광고를 공짜로 대신 해 주겠다는 상생의 실천 프로젝트이다. '기발한 광고 프로젝트'는 대기업들이 사회를 위해 해야 할 일이 무엇인지 반성해 볼 수 있는 계기를 만든 상생광고이다.

전체 캠페인을 간략하게 스케치하면 다음과 같다. 먼저 오프닝 광고이다. 신문 15단 전체가 텅 비어 있다. 귀퉁이와 아랫부분에만 메시지가 담겨 있다. 누구든 이 광고에 주목할 수밖에 없도록 기획되었다. 제일 처음 보이는 것은 '기발한 광고'이다. 무엇이 기발한 광고야? 하고 광고를 차찬히 살펴보니 스타트업들을 위해 신한이 광고시간과 지면을 비워 놓겠다는 메시지이다. 세상에 이럴 수가! 광고표현도 의외였지만 광고 콘셉트를 알고 나면 더욱 놀랄 수밖에 없는 광고였다. 새로운 시대, 새로운 방식의 기업광고이다.

광고 선정작은 영상광고지원 여섯 기업, 인쇄광고지원 여섯 기업 총 12개 기업이었다. 그 중 '아파트에서 만나는 호텔서비스' '호텔리브'에 대해 살펴보면 다음과 같다. 호텔리브는 아파트에서 정기적으로 호텔 하우스키핑 서비스를 받는 호텔서비스이다. 광고는 목욕 편과 상장 편으로 만들어졌다. 상장 편은 '호텔리브는 언제나 최선을 다해 고객님들의 욕신을 반짝반짝

제3부 아이디어 발상

청소하여 고객누적 12,000시간을 달성하였기에 이 상장을 수여합니다.'라는 메시지로 호텔리브의 서비스는 믿을 수 있는 서비스라는 것을 전달하고 있다. 자신이 아니라, 남을 위해 광고를 공짜로 해 준다는 역발상, 누구나 할 수 없다.

● 되로 주고 말로 받는 입양, 인도 아동복지연합회

입양을 하면 아이가 보호받는 것이 아니라, 입양한 부모가 아이 때문에 보호받게 된다는 역전의 상황을 연출했다. 광고를 보면, 원래 아이가 엄마 품에 안겨 보호를 받는 모습이어야 정상인데 반대의 모습이다. 어린아이가 어른을 안고 있고, 어른은 아이 품에서 행복하게 새근새근 잠들어 있다. 아이도 어른도 편안해 보인다. 무슨 광고인가? 이것은 인도의 '입양 & 아동복지

연합회' 광고이다. 카피를 읽으면 그 의미가 뚜렷해진다. "입양하세요. 당신이 줄 수 있는 것보다 더 많은 것을 받게 될 것입니다(Adopt. You will receive more than you can ever give)." 다시 말해, 처음엔 사회로부터 버려진 아이들을 데려와 키워 주고 보살펴 주는 것이라 생각하겠지만, 시간이 지나 아이가 자라면서 입양해 준 어른에게 더 큰 행복을 줄 것이라는 발상의 전환을 보여 준다. 입양은 사랑을 베푸는 것이 아니라 큰 사랑을 받게 된다는 메시지이다. 따뜻한 역발상이라고 할 수 있겠다.

● 대담하게, 밝게, 아름답게, 구찌 뷰티

구찌 뷰티 캠페인은 보톡스, 스프레이 태닝, 인조 속눈썹 등으로 만들어진 꾸며진 아름다움이 아니라, 보통 사람들이 '결점'이라고 생각할 수 있는 자연스러운 아름다움과 삶의 방식에 집중했다. 지금 있는 그대로 "대담하게, 밝게 아름다워지라(be bold, be bright, be beautiful)."고 밀힌다.

사실 알고 보면 우리가 '결점'이라고 생각했던 요소들이 여성을 아름답고 독특하게 만든다. 역설이다. 치아가 고르지 않은 여성이든, 나이가 몇 살이든, 찡그린 여성이든, 누구든 자연스러운 자신을 자신답게 자신 있게 드러내면 그 자체로 아름답다는 캠페인이다. 외모가 아름다운 여성만 화장품 모델이 되는 것이 아니라, 평범한 여성들도 충분히 아름답기 때문에 모델이 될 수 있다는 역발상으로 구찌 뷰티의 아름다움의 철학을 재정의한 광고이다.

● 청년들이여, "스마트하게? 아니! 바보같이!" 디젤 캠페인

디젤(Diesel)은 청년들이 입는 청바지 회사이다. 2010년부터 디젤은 'Be Stupid'라는 디젤의 브랜드 철학을 세상에 선보였

다. 통상적으로 세상은 스마트한 사람이 되라고 하지만, 디젤은 '바보가 되라'고 역설한 패션철학을 선보인 것이다. 그런데 그 이유가 꽤 그럴싸하다. "스마트한 사람은 계획이 있지만, 바보는 스토리가 있다(Smart has the plans, stupid has the stories)." "스마트한 사람은 머리로 듣지만, 바보는 가슴으로 듣는다." "스마트한 사람은 비판하지만, 바보는 창조한다." 'Be stupid' 캠페인의 카피들은 이런 식이다. 어떤가? 이 정도면 바보가 되고 싶지 않은가? 바보가 더 매력적이지 않은가? 오히려 스마트하게 사는 것이 바보로 사는 것이고, 바보가 되는 것이 매력적인 삶을 사는 것이라고 생각되지 않는가? 역설의 힘이다. 디젤의 역발상, 역시 세상은 바보들에 의해서 변화되었음을 의심할 여지가 없다.

● 가슴을 예쁘게 받쳐 주는 원더브라

제3부 아이디어 발상

일개 브래지어 브랜드 따위가 과학계의 넘사벽 뉴턴을 향해 '뉴턴은 틀렸다'고 맞장을 떴다. 뉴턴이 틀렸다는 말은 전 지구의 상식이 된 뉴턴의 만유인력이 틀렸다고 부정하는 말과 같다. 이유인즉 원더브라는 가슴을 위로 받쳐 올려 주니 뉴턴의 만유인력이 틀렸다고 말한 것이다. 즉, 가슴을 위로 올려 주는 'push up' 기능을 강조한 것이다. 어떤 브래지어 브랜드라도 모두 하는 뻔한 주장이었지만, 뉴턴을 부정하면서 갑자기 메시지가 강력해졌다. 기존의 상식을 뒤집어버린 역발상의 힘이다.

● 입장 바꿔 생각해 보자, 휴먼 포 애니멀

휴먼 포 애니멀(Humans for Animals)의 동물보호 광고이다. 프랑스 사람들은 원숭이 골 요리를 최고의 요리로 생각하고 먹는다. 입장을 바꾸어서 원숭이가 당신의 뇌를 요리해 먹는다면 얼마나 끔찍하겠느냐는 주객전도의 메시지이다. 말하고자 하는 메시지는 다음과 같다. "네가 대접받고 싶지 않은 방식으로 동물들을 대하지 말라(Don't treat others the way you don't want to be treated)." 단지 입장을 바꿔 생각해 보는 것만으로도 엄청난 파괴력이 생겨 도저히 그냥 지나치지 못하는 광고가 되었다. 동물보호, 곧 사람을 보호하는 것이다.

● 품질이 변하지 않는 허쉬 초콜릿

세상 모든 것은 변한다. 또 변해야 한다고 주장한다. 그러나 허쉬 초콜릿은 "변화는 나쁜 것(Change is bad)"이라고 반대로 말한다. 비주얼을 보면 나이가 들어가면서 머리가 빠지고 결국에는 대머리가 된다. 역시 변한다는 것은 나쁜 것이 틀림없다. 하지만 허쉬 초콜릿은 1899년부터 지금까지 품질이 변하지 않

제3부 아이디어 발상

고 있음을 전달하고 있다. 모두들 변해야 한다고 하는데, 허쉬
는 변하는 것이 나쁘다고 말하는 자신감이 믿음직하다.

● 셀프 텐 스프레이, 니베아 백설공주

우리가 일반적으로 생각하는 백설공주는 하얗다. 우리나라
에서는 하얀 피부를 미인의 조건으로 생각하지만, 서양에서는
하얀 피부를 아파 보이거나, 태닝을 받을 돈이 없는 가난한 사
람으로 치부한다고 한다. 그래서 동화의 주인공 백설공주도 스
스로 태닝을 했다. 건강해졌다. 백설공주도 원한다면 '니베아
선 셀프 텐 스프레이(Nivea Sun Self Tan Spray)'로 건강하게 잘
태운 피부의 흑설공주로 만들어 준다는 역발상이다.

● 맛있는 밥을 지어 주는 리홈 다이아몬드 밥솥

초밥이 놓여 있다. 그런데 생선과 밥의 양이 바뀌었다. 초밥은 생선이 메인이고 밥이 보조 역할을 하지만, 이 광고에서는 밥이 많고 생선은 조금밖에 없다. 리홈(Lihom) 밥솥으로 만든 밥이 "너무 맛있어서, 모든 것을 잊어버릴 것(So good, you'll forget everything else)"이라는 헤드라인을 보면, 밥을 먹기 위한 핑계로 생선초밥을 만든 것이다. 주객을 역전시켜 장점을 극대화한 역발상이다.

● 버거킹에 간 로날드

버거킹 매장에 경쟁사 맥도날드 캐릭터인 '로날드'가 변장을 하고 나타났다. 버버리 코트를 입고 모자까지 썼다. 이런 로날드의 모습을 보고, 점원은 아무렇지 않은 듯 친절하게 응대하며 물어본다. '로날드 씨는 여기 왜 오셨어요?' 로날드가 따라

대답했겠는가? 오른쪽 하단에 답이 있다. "그냥 더 맛있어서(It just tastes better)."

● 힘이 샘솟는 전설의 복분자주, 보해

시금치는 뽀빠이의 힘을 상징하는 채소이다. 뽀빠이도 그렇게 알고 있었는데, 복분자주를 마시고 나서 "시금치는 거짓말이었어."라며 시금치를 부정한다. 사실은 시금치가 아니라 복분자주를 먹으니 힘이 솟는다고 말하는 역발상으로 복분자의 전설의 힘을 유쾌하게 전달한다.

● 접착력이 좋은 피렌자 타이어

두 아이가 시소를 타고 있다. 그런데 이상하다. 작은 아이가 땅에 붙어 있고, 뚱뚱한 아이가 오히려 허공에 있다. 반대이다. 오른쪽 하단 피렌자(Firenza) 로고 아래 "접지력이 있는 타이어(tires that grip)"를 읽으면 이해가 된다. 타이어의 접착력이 너무 좋아 중력을 거스르게 되었다는 역발상의 비주얼 메시지이다.

● 접착력이 좋은 포스트잇

선풍기 바깥에 포스트잇을 붙인 역발상 아이디어이다. "나 갈 때 선풍기 끄라(Switch off when you leave)."는 당부이다. 일 반적인 포스트잇이라면 약해서 선풍기 바람에 날아가 떨어져 버리겠지만, 이 포스트잇은 접착력이 강하기 때문에 떨어질 염 려가 없다는 메시지이다. 로고 아래 카피가 그것을 말해 준다. "접착력이 강한 포스트잇(Super Sticky Notes)"

● 접착력이 강한 건축용 접착제, 페스터

일반적으로 집은 절벽 위에 있어야 하지만, 페스터(Fester) 접 착제의 접착력이 너무 좋아 절벽 아래의 허공에 집을 지어 완 성했다. 베란다도 있고 수영장까지 있다. 시각적 역발상인 셈 이다.

● 너무 맛있는 하인즈 케첩

　감자튀김을 구매하면 케첩이 딸려 나오는 것은 상식이다. 이 광고에서는 케첩을 메인음식으로 만들고, 감자 칩을 구색 맞추는 보조음식으로 만들어 상식을 뒤집었다. 서로 역할을 바꿈으로서 순식간에 주목도를 높였다. 그만큼 하인즈 케첩이 너무 맛있나는 말이다.

　　　　　　　　　　　　　　　제3부　아이디어 발상

● 빨리 마르는 네롤락 Quick Dry 페인트

네롤락(Nerolac)의 페인트가 너무 빨리 말라서 방금 칠한 페인트 위에 올라가서 페인트를 칠해나가도 페인트가 묻을 염려가 없다는 과장의 역발상이다. 이쯤 되면 인도(India)의 뻥도 대단하다고 말할 수밖에.

● 코카콜라 라이트

코카콜라 라이트의 칼로리가 너무 낮아서 컵에 부어지지 못하고 위로 솟구쳐 올라가는 비주얼이다. 중력을 거스르는 역발상으로 '라이트'의 가벼움을 표현했다.

● 다이어트 펩시콜라

고양이가 다이어트 펩시콜라를 마시고 난 후 날씬해져서 쥐구멍에 들어가서 쥐를 잡아먹을 정도로 다이어트 효과가 좋음을 역발상으로 전달한다.

(5) Drama: 소비자의 이야기로 ESP를 더 분명하게 한다

다섯 번째, Drama 발상법이다. 스토리텔링을 통해 USP를 ESP로 만드는 방법이다. 드라마텔링(Drama-telling)이라고 말해도 무방하다. 재미있는 스토리텔링은 의미 있는 이야기, 가치 있는 이야기가 될 가능성이 높다. 또 극적인 효과를 기대힐

제3부 아이디어 발상

수 있다. 사람은 이야기적으로 생각하고, 이야기의 이미지로 기억하고, 자신의 이야기에 극적으로 몰입한다. 소비자 이익만큼 소비자에게 의미 있고 가치 있는 이야기는 없다. 레오 버넷(Leo Burnett)의 제품에 내재된 드라마를 찾아야 한다는 말과 일맥상통한다. 말보로(Marlboro)는 '남자는 흘러간 로맨스 때문에 항상 사랑을 기억한다(Man Always Remember Love Because Of Romance Over).'는 영문의 앞 글자로 만든 것이라고 스토리텔링을 하며 창업자의 비극적 사랑으로 홍보하기도 했다. 브랜드명에 담긴 내재된 드라마의 좋은 예이다. 스토리텔링 광고는 직접적으로 말하지 않고, 간접적으로 이야기하여 소비자의 감성을 자극한다. 거부감은 낮추고 설득력을 높여서 공감에 이르게 해 소비자 이익을 극화해 극적으로 기억시킨다는 장점이 있다.

스토리텔링은 ABC 연결고리를 따른다. 어떤 사건(accident)이 일어나고, 곧바로 우리의 감정이나 행동이라는 특정한 결과(consequences)를 가져온다고 생각하지만, 그 사이에는 반드시 우리의 믿음(belief)이라는 연결고리가 있다. 우리 삶에서 벌어지는 다양한 사건들은 그 자체로는 아무런 결과도 가져오지 않는다. 그것이 특정한 결과를 가져오려면 우리의 신념체계에 의해 해석되고 매개되어야 한다는 것이 긍정심리학자 마틴 셀리그만(Martin Seligman)의 주장이다. 광고에서 믿음을 결정하는 것은 소비자 이익이다.

ESP에 어떻게 의미를 부여하는가? 사용 전·사용 후의 이야기로 보여 주거나, 서론·본론·결론으로 구성하거나, 기·승·전·결의 방식으로 짜임새 있게 만드는 방법 등이 있을 것이다. 기존의 이야기와 연결하든, 패러디하든, 새롭게 창작하든 이야기의 주인공은 핵심 소비자여야 하고, 내용은 소비자 이익이어야 한다는 것이 중요하다. 소비자 경험, 구매 욕구, 잠재된 소비자 욕구에서 소비자의 자신감, 자부심을 높여 주는 이야기를 찾을수록 극적인 드라마가 될 가능성이 높다. 소비자 이익과 관계없는 스토리텔링은 아름답고 감동적이어도 판매에 도움을 주지 못한다.

조르주 폴티(Georges Polti)의 '드라마에 나오는 36가지 상황'이 있다(김병희 외, 2022). 모든 상황에 갈등(conflict) 요소가 들어가 있는 것이 공통점이다. 갈등이 없으면 극적인 스토리는 만들어지지 않는다. 갈등은 필수요소이다. 광고의 스토리텔링은 소비자 이익의 유무라는 갈등을 전제로, 36가지 상황 중 하나 또는 몇 개와 섞어서 표현하는 것도 스토리텔링의 좋은 방법이다.

조르주 폴티의 드라마에 나오는 36가지 상황

① 청탁, ② 구출, ③ 복수, ④ 친척 간의 복수, ⑤ 도망, ⑥ 재난, ⑦ 불운, ⑧ 저항, ⑨ 대담한 계획, ⑩ 유괴, ⑪ 수수께끼, ⑫ 획득, ⑬ 친척 간의 증오, ⑭ 친척 간의 싸움, ⑮ 살인적 간통, ⑯ 광기, ⑰ 얕은 생각, ⑱ 모르고 저지르는 연애의 죄, ⑲ 친척인 줄 몰라서 살해, ⑳ 이상을 위한 자기희생, ㉑ 친척을

위한 자기희생, ㉒ 애욕을 위한 모든 희생, ㉓ 애인의 희생이 필요, ㉔ 강자
와 약자 간의 싸움, ㉕ 간통, ㉖ 연애의 죄, ㉗ 애인의 불명예 발견, ㉘ 장애
가 생긴 사랑, ㉙ 적에 대한 애착, ㉚ 야망, ㉛ 신과의 싸움, ㉜ 잘못된 질투,
㉝ 잘못된 판단, ㉞ 뉘우침, ㉟ 잃어버린 자의 발견, ㊱ 애인을 잃음

Drama 광고사례

● 워킹 맘에게 힘이 되는 이야기, 엘지 트롬 스타일러

　세상에 없던 의류관리기 엘지 트롬 스타일러(LG TROMM
styler) 캠페인은 뭉크의 회화작품 〈절규〉를 연상시키는 강력한
비주얼 하나로, 주부들의 불편한 마음과 주부들의 수고로운 입
장을 이해하고 마음도 편하게 풀어 준 광고이다. 전업주부들도
마찬가지이지만, 특히 워킹 맘들은 퇴근해서 집으로 돌아오면
고단해진다. 두 번째 일이 기다리고 있기 때문이다. 맞벌이 부
부가 많은 요즘도 가사분담은 잘 이루어지지 않고 있다. 결국,

워킹 맘들은 퇴근 후에도 청소, 빨래, 육아 등을 도맡아야 하는 것이 현실이다.

밤 8시에 퇴근한 주부를 기다리는 건 남편의 구겨진 양복, 아이 교복, 모직 코트, 원피스, 등산복, 실크 블라우스……. '아~ 정말' 워킹 맘들의 짜증나는 상황을 리얼하게 그대로 광고에 옮겼다. 광고를 보면 전면에 옷이 구겨져 절규를 연상케 하는 옷 위에 "스타일러 없었다면 짜증 좀 났을 거다."를 before의 모습으로 보여 주고, 오른쪽 하단에 스타일러와 함께 깨끗하게 다려진 옷을 after의 상황으로 보여 준다. 그리고 "걸어만 놔도 새 옷처럼!"이라는 카피로 마무리된다. 엘지 트롬 스타일러는 걸어만 놔도 구김제거, 냄새제거, 세균제거까지 해 준다는 메시지이다.

이보다 워킹 맘들에게 반가운 소식이 어디 있겠는가. 집안일 걱정에 한숨짓는 워킹 맘들의 마음을 편하게 해 준다. 이처럼 주부들의 이야기에 주목하면 강력한 스토리텔링을 이룰 수 있다. 물론 힘든 주부를 응원할 수도 있다. 주부들에게 스타일러를 사라고 말하는 대신 주부들의 마음과 현실을 이해해 주는 것만으로도 충분한 구매동기를 만들어 준다.

● 국제사면위원회 '눈의 권리' 사진공모전

사진공모전 출품 독려를 위해 위대한 인권운동가들의 어릴 적 모습이 연상되는 어린이 모델을 기용하였다. 이런 인권운동

제3부 아이디어 발상

가를 만든 것이다. 위대한 인권운동가들의 삶의 이야기를 어린이들이 기억할 수 있도록 그들의 삶을 현재의 어린이들과 동일시하여 인권이야기를 풀어 갔다. 어린 넬슨 만델라, 어린 마틴 루서 킹, 어린 마하트마 간디 세 사람의 인권운동가이다. 넬슨 만델라(Nelson Mandela)는 아프리카 민족회의(ANC)의 지도자로서 남아공 옛 백인 정권의 인종차별에 맞선 투쟁을 지도했고, 남아공 최초의 흑인대통령이기도 한 인물이다. 마틴 루서 킹(Martin Luther King)은 인종차별이 극심했던 1950~1960년대 미국에서 흑인의 비폭력 인권운동을 주도한 인물이다. 'I have a Dream'으로 시작되는 연설은 전 세계 사람들의 가슴에 아직도 남아 있다. 인도 민족운동의 정신적 지도자였던 간디(Mahatma Gandhi)는 비폭력 운동으로 영국의 식민치하에 있던 인도의 독립을 주도했던 인물이다.

헤드라인은 모두 "모든 위대한 인권운동가도 한 때는 어렸다(All the big human rights defenders used to be little once)."라는

메시지로 통일했다. 보디카피는 "같은 반 친구들과 함께 '눈의 권리(Right in the Eye)' 사진공모전에 참가하여, 국제사면위원회가 인권을 위해 싸울 수 있도록 도와주세요."이다. 어린이의 참신한 눈으로 인권이 필요한 장면이라고 생각되는 사진을 찍어서 출품하는 것만으로도 국제사면위원회가 하는 일에 도움이 되고, 지지하는 것이나 마찬가지라는 메시지이다. 공모전에 출품할 때는 사진을 찍은 장소를 밝히고, 어떤 인권 문제를 나타내는지 의도를 설명하도록 하였다. 그러한 과정 속에서 인권에 대해 스스로 공부할 수 있게 되기 때문이다.

● 독닙료리집, 신한희망재단 Hope Together 이야기

3·1운동, 4·11 임시정부 수립 100주년을 기념하여, 독립투사들이 드셨던 식사를 추체험(追體驗)하면서 그들의 심신

제3부 아이디어 발상

을 잊지 말자는 캠페인이다. 추체험이란 남이 체험한 것을 마치 자신이 경험한 듯이 느끼는 것을 말한다. 1919년 4월 11일은 대한민국 임시정부 수립일이다. 2019년 그 100주년을 맞이하여 신한희망재단에서 2019년 6월부터 한 달간 서울 종로구 익선동에 30석 규모의 '독닙료리집'을 오픈했다. 독닙료리집은 '100년 만에 되찾은 식탁'이란 키워드로 당시 독립투사들이 드셨던 10가지 음식을 소환하여 독립투사들의 이야기를 되새겼다. 음식 메뉴는 과거 독립 운동가들이 먹던 음식을 여러 자료와 후손들의 증언을 통해 고증하여 재창조한 것들이다. 메뉴에는 김구 선생님이 일본순사를 피해 쫓겨 다니며 드셨던 대나무 주먹밥 쫑즈, 지복영 선생님의 파전병 등 10가지 음식이 있다.

독닙료리집 메뉴

① **지복영 선생의 간식**: 홍유병
　여성 동포들의 독립운동 참여를 강조한 지복영 선생이 평소 즐겨 드셨던 중국식 파전병.

② **김구 선생의 한 끼**: 쫑즈
　김구 선생이 일제의 탄압을 피해 5년간 쫓겨 다니며 드셨던 대나무 주먹밥.

③ **하와이 노동자들의 식탁**: 대구무침
　하와이 사탕수수밭에서 일하던 한인 노동자들이 즐겨 먹어서 이민 3세 대에게도 민족 음식이 된 대구무침.

④ **김구 선생의 어머니 곽낙원 여사의 식탁**: 김치찜
　곽낙원 여사가 버려진 배춧잎으로 만들었던 김치찜. 배추김치에 물을 넣고 두툼한 돼지고기와 함께 자작하게 끓여 깊은 맛을 더했다.

⑤ **김용환 선생의 밥상**: 양미리 더덕 고추장 구이

독립군을 위한 자금을 지원하느라 형편이 넉넉지 않던 김용환 선생이 의
용대에 대접했던 양미리구이.

⑥ **안중근 선생의 하얼빈 식단**: 꿔바로우

의거를 계획한 안중근 선생이 하얼빈에서 드셨던 돼지고기 튀김.

⑦ **서영해 선생의 식탁**: 해산물 스튜와 밀빵

프랑스에서 홀로 외교 전투를 하던 서영해 선생이 드셨을 것으로 추정되
는 해산물 스튜와 밀빵. 해산물과 채소를 큼직하게 썰어 넣고 끓여낸 스
튜의 깊은 맛이 일품!

⑧ **오건해 선생의 식탁**: 홍샤오로우

오건해 선생이 임시정부 요인들에게 대접했던 돼지고기 요리.

⑨ **임시정부 요인들의 반찬**: 납작두부 볶음

오건해 선생이 임시정부 요인들에게 대접한 납작두부 볶음. 두부를 채소
와 함께 볶아 쫄깃한 식감과 고소한 향이 입맛을 돋운다.

⑩ **이동녕 선생의 여름 음식**: 조선식 냉채

이동녕 선생이 상하이에서 독립운동을 하면서 더위를 식히기 위해 드신
음식. 다양한 채소를 넣고 차갑게 먹는 냉국으로 뒷맛이 깔끔하다.

21세기를 살아가는 우리가 100년 전 독립투사들이 드셨던
한 끼 식사를 체험하면서 그들의 헌신과 열정을 추체험할 수
있었다. 예컨대, 독립투사들의 삶을 오늘을 사는 우리가 직접
경험할 수는 없지만, 그들이 먹던 한 끼 식사를 경험하면서 마치
자신이 독립투사인 것처럼 그들의 굳은 마음을 체험하는 것이라
고 할 수 있다. 한 달간 독닙료리집에는 하루 평균 200여 명이 방
문하였기, 행사기간 동안 6,000여 명이 독립투사들의 정신세계

를 그들이 먹던 음식으로 추체험하였다. 3 · 1운동과 임시정부 수립 100주년에 걸맞은 캠페인이 아닐 수 없다.

● 첨단기술로 재해석한 '첨단동화' 이야기, SK하이닉스

SK하이닉스는 익숙한 동화를 첨단기술로 재해석하여 새로운 관점을 부여해 큰 공감을 얻어내면서 더 나은 세상을 만드는 첨단반도체 기술을 전달했다. '선녀와 나무꾼' '토끼와 거북이' '해님 달님' '혹부리 영감' 등 4편이 진행되었다.

2018년 두 아들을 키우는 엄마가 "전래동화, 선녀와 나무꾼을 없애 달라."라고 국민청원을 올려 사회적 이슈가 되었던 적이 있다. 2020년, SK하이닉스는 이를 기억하고 아이들의 가치관 형성에 문제가 있었던 전래동화를 첨단동화로 재구성한 이야기에 기업철학을 담아 기업광고로 표현했다. 전래동화에는 선녀를 몰래 훔쳐보다 날개옷을 훔치고 선녀를 속여 결혼한 나무꾼 이야기, 잠들어 있는 친구를 버려 두고 혼자 달려 1등을 차지한 거북이 이야기 등에서 잘못된 가치관을 심어 줄 수 있는 이야기를 '첨단동화'로 새롭게 각색해, 올바른 가치관을 담은 새로운 첨단동화로 만들었다. 즉, 첨단기술의 순기능을 스토리텔링한 것이다.

선녀의 목욕 장면을 몰래 지켜보는 것으로도 모자라 날개옷까지 훔치려던 나무꾼은 SK하이닉스 이미지센서 기술이 담긴 CCTV에 포착돼 '사생활 침해죄'와 '절도죄'로 처벌받게 되고, 거북이는 SK하이닉스의 '상생정신'을 실천하여, 잠든 토끼를 깨우고, 토끼는 거북이와 함께 우승한다. 호랑이에게 잡아먹힐 뻔했던 해님 달님의 동화는 하이닉스 맛집 어플로 위기를 모면하고 맛집 공유 플랫폼을 론칭하여 행복하게 사는 것으로 바꾸고, 혹부리영감에서는 대용량 랜드플래시 기술로 혹을 떼게 되는 긍정의 이야기로 결말지었다. 이처럼 어려운 첨단기술 이야기를 누구나 알고 있는 동화에 기대어 전달함으로써 일반 소비자들이 첨단기술의 순기능에 대해 쉽게 알 수 있게 하여 소비자들의 공감을 얻었다.

이러한 SK하이닉스식(式) 스토리텔링의 핵심은 '낯설게 하기(defamiliarization)'이다. '낯설게 하기'는 우리에게 익숙한 사물과 사건을 다른 관점에서 바라보고 표현 방식을 바꿔, 마치 이전에 알고 있던 것이 아닌 것처럼 보이게 하는 문학적 기법이다. 앞에서 말한 순질이화(淳質異化)와 같은 말이다. SK하이닉스의 인쇄광고 '첨단동화'는 기존에 익숙하던 전래동화의 표현 방식을 바꾸고 고정관념화(stereotype)된 등장인물의 행동을 다른 관점에서 바라보도록 하여 새로운 이야기를 만들었다. 첨단 반도체 기술로 더 나은 미래를 만든다는 메시지가 기성세대뿐만 아니라 MZ세대에게도 공감을 얻는 이유이다.

● 11개의 광고, 11개의 무한반복 패러디 KCC 창호

3분짜리 패러디광고의 끝판왕이다. 하나의 광고에 무려 11개의 광고를 패러디하여 '세상을 연결하는 창'이라는 메시지로 강제결합 시켜서 3분 가까이 이어가는 새로운 광고이야기를 만들어 냈다. 게다가 마지막에는 "웃음과 감동으로 세상을 연결한 대한민국 명광고들에게 감사드립니다."라는 인사까지 넉

살 좋게 건네면서 화제가 되는 재미있는 광고이야기를 만들었다. 광고내용을 살펴보자.

(성동일 등장) 창을 한번 바꿔 보시죠, 말을 시작하자 광고를 보던 사람이 툴툴거린다.

① **개비스콘**: 답답하군. 답답하시다고요? "속 시원하게 세상을 연결하는 창"

② **경동보일러**: 여보, 아버님 댁에 창 하나 놔 드려야겠어요. "따뜻하게 세상을 연결하는 창"

③ **2%부족할 때**: 너 만나고 되는 일이 하나도 없어. "조용하게 세상을 연결하는 창"

④ **바디프랜드**: 어~ 시원해. "편하게 세상을 연결하는 창"

⑤ **꽃을 든 남자**: 피부가 장난이 아닌데, "자외선 걱정 없이 세상을 연결하는 창"

제3부 아이디어 발상

(성동일 중간마무리)

⑥ **K2**: 올 겨울도 스타일리시하게. "스타일리시하게 세상을 연결하는 창"

⑦ **KT 5G 슈퍼플랜**: 데이터 무제한. "무제한으로 세상을 연결하는 창"

⑧ **카누 라떼**: 음~콜롬비아 원두향. "콜롬비아 원두와 세상을 연결하는 창"

⑨ **신라면**: 아~ 얼큰하다. "얼큰하게 세상을 연결하는 창"

⑩ ⑪ **스팸 · 리챔**: 짜지 않아 더 맛있다. "짜지 않게 세상을 연결하는 창"

(성동일 마무리) 염병할, 세상하고 몇 번을 연결하는 거야~ 끝! KCC창호!

● 한국인의 세탁 50년 이야기, LG트롬 트윈워시

　　LG세탁기 출시 50년을 기념하는 광고이다. 1969년 국내 최초로 생산한 백조세탁기 광고모델이었던 최불암 씨가 50년 만에 LG트롬 트윈워시 광고모델로 다시 출연했다. 이른바 '한국인의 세탁'이다. 최 씨가 진행하는 '한국인의 밥상'을 차용했다. 최 씨가 말한다. 1969년 금성 백조세탁기가 첫 선을 보인 후 세탁소 이름을 백조세탁소로 이름 짓는 경우가 많았다고 한다.

주택가 이곳저곳을 돌아다니다 보니 놀랍게도 아직 '백조세탁소'가 남아 있다. 최 씨는 잠시 세탁소 주인과 추억을 나누고, 장면이 전환되면 LG역사관으로 이동한다. 놀랍게도 백조세탁기가 보관되어 있다. 최 씨의 회상은 계속된다. "금성 백조세탁기, 이 세탁기가 바로 대한민국 세탁기의 시초입니다. 사람을 놀라게 했던 LG세탁기가 이제는 없어서는 안 될 꼭 필요한 가전이 되었습니다." 최 씨의 멘트가 끝나자, "세탁기를 다시 발명하다, LG트롬 트윈워시."라는 내레이션으로 광고가 끝난다. 결국 한국인의 세탁의 역사에서 '최초에서 최고까지' LG세탁기의 독보적인 역사성을 이야기하면서 향수를 자극하였다.

인류의 역사에서 세탁기만큼 우리의 삶을 바꾼 것은 없다고 한다. 장하준은 '인터넷보다 세탁기가 세상을 더 많이 바꾸었다.'고 말한다. 상대적으로 볼 때 인터넷혁명의 경제 · 사회적 영향은 2010년까지는 세탁기를 비롯한 가전제품만큼 크지 않았다고 말한다. 세탁기 등 가전제품의 등장으로 집에만 있던 여성들이 노동현장으로 진출하도록 만들었다는 것이다. 세탁기가 워킹 맘을 만들었다고 해도 과언이 아닌 것이다.

● 애플 매킨토시 1984년 론칭 이야기

조지 오웰(George Orwell)의 소설 『1984년』, 매킨토시 론칭 1984년, 1984년 슈퍼볼 경기 모두가 함께 어우러져 애플의 이야기가 만들어졌다. 슈퍼볼 경기에서 단 한 번 방영됐었지만,

On January 24th,
Apple Computer will introduce
Macintosh.
And you'll see why 1984
won't be like "1984"

애플의 존재감을 알리고 광고의 전설이 된 광고이다.

애플 광고는 사람들이 극장에서 대형스크린을 응시하는 장면에서 시작된다. 사람들은 표정이 없고, 스크린에는 화면 가득히 빅브라더가 열변을 토한다. 이때 금발 여성이 통로를 가로질러 달려와 스크린을 향해 해머를 던져 스크린을 산산조각 부숴버린다. 그때 "1월 24일, 애플컴퓨터가 매킨토시를 소개합니다. 당신은 1984년이 왜 『1984년』과 같지 않은지 알게 될 것입니다."로 광고는 끝난다. 여기서 조지 오웰의 『1984년』은 빅브라더의 전제주의 지배체제에서 한 개인이 저항하다 파멸해가는 과정을 그리는 디스토피아 소설이다. 그 당시 현실에서 빅브라더는 IBM을 의미한다. IBM에 대적할 수 있는 컴퓨터는 애플임을 선언한 것이다. 이 광고는 46.4%의 엄청난 시청률을 기록했다. 당시 컴퓨터 업계의 빅브라더였던 IBM과 대적하는 애플로 기억되었다.

● 스포츠 스타들의 불가능 극복 이야기, 아디다스

　　1974년 이후 아디다스의 철학은 '스포츠는 영원하다.'였다. 2004년 이후부터 '불가능, 그것은 아무것도 아니다.' 캠페인이 진행됐다. 이 캠페인은 무하마드 알리(Muhammad Ali)를 시작으로 라일라 알리(Laila Ali), 리오넬 메시(Lionel Messi), 데이비드 베컴(David Beckham)을 이어 스테이시 코넛(Stacy Kohut), 하일레 게브르셀라시에(Haile Gebrselassie), 킴 콜린스(Kim Collins), 나디아 코마네치(Nadia Comameci), 요나 로무(Jonah Lomu) 등의 역경 극복 이야기가 펼쳐졌다. 이 캠페인으로 아디다스의 판매율은 20% 신장되었고, 시장점유율도 21%나 올라갔다. 광고에 나온 무하마드 알리와 데이비드 베컴의 광고카피는 다음과 같다.

· 무하마드 알리

"어떤 사람들은 남의 말을 듣기보다 자기 내면의 소리를 듣는다. 사람들은 할 수 없다고 하고, 안 될 것이라고 하고, 불가능하다고 말하곤 한다. 하지만 자신을 믿는 사람들이 해 낸 것은 불가능은 없다는 사실이다. 자기 안의 소리를 들어라. 불가능, 그것은 아무것도 아니다."

· 데이비드 베컴

"내 이름은 데이비드 베컴. 내 이야기 한번 들어 볼래? 나는 아직도 1998년이 생각나. 아무 일도 없었다면 얼마나 좋았을까. 간절히 바라면서 그 후 3년 동안 어딜 가나 불안했었지. 죽음의 위협도 느꼈어. 마침내 그리스전에서 골을 넣었을 때 모든 기자들이 나를 향해 박수를 치더라고. 날 욕하던 사람들에게서 환호를 받는다는 거. 그거 정말 엄청난 기분이지. 누구나 언젠가는 시련을 겪게 돼. 중요한 건 그 시련에 꺾이지 않는 거야. 불가능, 그것은 아무것도 아니다."

사람들은 누구나 다른 사람의 역경 극복 이야기를 듣고 자신의 의지를 다잡는다. 소비자들은 아디다스를 입고 운동하면서 자신이 가슴에 묻어 두었던 불가능한 꿈을 꾸게 되었을 것이다. 이야기에는 힘이 있으니까.

● 뉴케어가 필요한 부모님 이야기, 대상 웰라이프

대상 웰라이프는 환자용 식품으로 개발한 뉴케어를 부모님의 일상음식으로의 시장 확대를 꾀했다. 뉴케어는 끼니를 대충

때우면서도 자식들을 걱정시키지 않으려는 부모님의 마음 살피기에 집중하였다. 동영상광고와 SNS를 주로 하면서 인쇄광고도 활용하였다. 모두가 오늘을 살아 가는 부모님의 이야기이고, 사식들의 이야기이나.

광고는 '아버지 편'과 '어머니 편', 총 2편으로 구성됐다. 아버지 편에서는 물에 밥을 말아 먹거나 떡으로 끼니를 대충 때우면서도 "걱정하지 마라, 잘 먹고 있다."라고 자식들을 안심시킨다. 헤드라인은 "우리 아버지, 주름이 늘수록 거짓말도 느신다."는 메시지를 담았다. 어머니 편에서는 밥 차리는 것도 먹는 것도 설거지 하는 것도 모두 귀찮아하시는 어머니의 푸념을 표현하면서 "우리 어머니, 나이만 드시고 밥은 안 드신다."라는 자식의 걱정하는 마음을 헤드라인에 담았다. 동영상도 인쇄광고도 자식의 가슴을 먹먹하게 하는 광고이다. 오늘의 부모님에 대한 다큐 아닌 다큐 같은 이야기이다. 시대의 흐름에 맞게 뉴케어가 환자용 식품에서 부모님들의 일상음식으로 그 영역을 확장하는 신호탄이 되는 광고라고 볼 수 있겠다.

● 문명의 충돌이 만드는 부부 이야기, 스위첸

스위첸(Switzen) 광고에서는 서로 맞는 게 하나도 없는 부부지만, 그래도 좋은 것, 맛있는 것을 보면 가장 먼저 생각나는 사람, 그렇게 가족이라는 집을 지어 가는 문명의 충돌을 보여 준다.

광고는 "결혼한 지 4년, 맞는 게 하나도 없어요." "한집에 사는 게 이렇게 힘들 줄은 몰랐어요."로 시작한다. 4년 차 젊은 부부가 일상의 사소한 일들, 즉 외출, 화장실 사용 습관, 냉장고 정리, 휴일 나들이, 에어컨, 컴퓨터게임 등 온갖 사소한 것으로 우기고, 이해 못하고 시시콜콜 부딪치고 티격태격 다투는 내용을 담고 있다. 하지만 이야기 중간 중간에 인터뷰를 삽입하여 서로를 생각하는 속마음을 보여 준다. "그래도 좋은 것 보면 제일 먼저 생각나는 사람?" "그래도 뭐, 맛있는 것 먹으면 같이 먹고 싶은……" 등의 속마음이다. 마무리는 "서로 다른 문명이 만나 함께 지어 가는 집, 가족은 그렇게 태어납니다. KCC건설 스위첸"으로 끝난다. 그야말로, 행복한 사랑싸움 이야기를 요즘 트렌드에 맞게 전달하였다.

● 핏라이트! 마릴린 먼로 그리고 다이어트 이야기

마릴린 먼로(Marilyn Monroe)의 영화 〈7년만의 외출(The Seven Year Itch)〉(1955)을 패러디하였다. 마릴린 먼로는 30여 편의 할리우드 영화에 출연하였는데, 그녀를 상징하는 가장 유명한 장면이 영화 〈7년 만의 외출〉의 지하철 환풍구 장면이다. 같은 아파트에 사는 유부남과 함께 영화를 보고 나오다가 지하철 환풍구 위에서 하얀색 치마가 펄럭이자 황급히 두 손으로 치마를 내리는 장면이다. 이 장면은 먼로를 섹시아이콘으로 만든 장면이기도 하다. 그녀가 입었던 홀터넥 드레스는 경매에서 영화 의상 중 역대 최고가인 560만 달러에 낙찰되었다고 한다.

제3부 아이디어 발상

그런데 광고에서의 뚱뚱한 먼로는 결코 아름답지 않다. 우스꽝스럽기까지 하다. 다이어트 음식인 '핏라이트(Fit Light)' 인쇄광고이다. 제아무리 섹시 심벌이라 하더라도, 또 흉내 내려고 해도 몸매가 받쳐 주어야 가능하다는 이야기를 하고 있다. 결국 날씬해지려면 핏라이트를 먹어야 된다는 메시지를 강력하게 전달하고 있다.

● 사이버폭력, 한 방이면 충분하다, 유니세프

학교 내에서 일어나는 학생들의 이야기이다. 유니세프는 2015년 학교 내 사이버폭력 방지를 위한 광고를 했다. "한 방이면 충분하다(ONE SHOT IS ENOUGH)." 예시 광고는 급식실에서 식판을 엎은 학생의 모습을 다른 학생들이 스마트폰으로 촬영하여 SNS에 게시하는 한 방, 탈의실에서 뚱뚱한 학생의 몸을 촬영하여 SNS에 게시하는 한 방, 실내체육관에서 학생이 농구를 못한다고 벌 받는 장면을 촬영해 SNS에 게시하는 한 방. 재미나 장난으로 올린 그 사진 한 방이 친구들이 우울증에 괴로워하고, 자살하는 주요 원인이라는 메시지이다. 오른쪽 하단에는 "사이버폭력은 학교 아이들 사이에서 우울증과 자살의 주요 원인 중 하나이다. 만약 여러분이 스마트폰을 현명하게 사용한다면, 그 누구의 자존감도 죽이지 마세요."라는 카피가 심벌처럼 놓여 있다.

● 흡연 때문에 늙어 버린 피터팬 이야기

2004년 보건복지부 금연포스터이다. 자라지 않는 아이 '피터팬'은 영국의 소설가 · 극작가 '제임스 매튜 배리(James Matthew Barrie)'가 1904년 발표한 연극에서 출발했다. 어느 날 평소에 아는 집에 가서 이야기를 하던 도중 아이디어를 얻게 됐다고 한다.

손님이 먹어야 할 과자를 자꾸 훔쳐 먹는 아이에게 엄마가 "너 그러다가 영원히 아이같이 된다!"라고 하니 아이는 웃으며 "엄마, 과자를 먹고 난 영원히 아이처럼 남고 싶어요."라고 말했다. 이 말을 듣고 매튜 배리가 〈피터팬: 자라지 않는 아이〉

아이디어를 얻었다는 이야기이다. 사실이든 아니든, 피터팬은 늙지 않는 아이인데, 광고에는 폭삭 늙어버린 피터팬의 모습을 보여 주면서 흡연이 피터팬을 늙게 만들었다는 메시지를 전달하고 있다.

● 타이레놀의 골치 아픈 두통 이야기

르윈스키 스캔들(Lewinsky Scandal)은 1995년부터 1997년까지 당시 미국 대통령 빌 클린턴이 백악관 인턴 '모니카 르윈스키', 그 이전 여성들과 벌여 온 성 추문이 폭로된 사건이다. 이 스캔들은 당시 전 세계의 가십거리가 되었다. 이 사건으로 빌 클린턴은 한때 탄핵의 위기에 직면하기도 했다. 그 때 클린턴의 머리가 얼마나 아팠을까? 광고를 보면, 클린턴의 이마 위에 르윈스키의 사진이 붙어 있고, 오른쪽 지면에는 그 사진이 붙어 있는 위치에 타이레놀이 놓여 있다. 무슨 말이겠는가? 골치 아플 땐 타이레놀이 필요하다는 것을 시각적으로 말하고 있다.

● 프레아, 나눠 먹는 초콜릿 이야기

초콜릿 먹는 방법은 상황에 따라 다르다. 연인과 나눠 먹을 때는 키스하듯이 양쪽에서 조금씩 나눠 먹는 방법이 있고, 야외에서 데이트할 때는 주거니 받거니 하나씩 먹다가 남는 것은 애인에게 주는 방법이 있고, 아들과 먹을 때는 아들에게는 많이 주고 아버지는 적게 먹는 방법이 있을 것이다. 프레아(Freia)는 나눠 먹을 때 초콜릿이 한층 더 달콤할 것이라고 말한다.

● 조깅하는 러너의 상상 이야기, 아디다스

제3부 아이디어 발상

조깅이나 마라톤(10km 이상)을 하는 사람들은 달리면서 자신이 많은 관중 앞에서 달리고 있는 것을 상상할 때가 있다. 아디다스는 자신을 선수로 착각하는 이야기를 아이디어로 만들었다. 이런 기분은 러닝을 해 본 사람이라면 누구나 느끼는 기분이다. 그런 러너의 심리를 시각화하여 소비자들의 공감을 이끌어 낸 이야기이다.

● 〈다크나이트〉 영화를 패러디한 맥도날드

맥도날드가 〈다크나이트〉 영화 포스터를 그대로 패러디했다. 그것도 좌우병렬로 배치했다. '나 이거 보고 베꼈어'라고 말하듯이. 영화 속 명대사인 "왜 이렇게 심각해?"도 맥도날드 "이거, 왜 이렇게 맛있어?"라고 패러디했다. 누구든 이 광고를 보고 맥도날드를 기억하지 않을 수 없을 것이다. 원작이 강하면 패러디된 광고도 강한 것이니까.

● 층간소음 이야기, 공익광고협의회

층간소음의 71.6%가 발걸음 소리 때문이다. 위층에 사는 사람의 무심한 발걸음이 아래층에 사는 사람에게는 엄청난 괴로움을 준다는 이야기로, 작은 배려가 이웃을 위한 첫걸음이라는 메시지를 전달하는 층간소음 공익광고이다.

● 감기에 장사 없다, 판피린 이야기

지구에서 가장 유명한(?) 슈퍼맨을 기용한 인물패러디이다. 아무리 지구를 지키는 천하의 슈퍼맨도 감기에 걸리면 꼼짝없이 코흘리개 영구가 된다. 그러니 걸렸다 싶으면 판피린을 복용하라는 이야기이다.

● TV를 끄면 가족이 보인다, 유니세프

인도네시아 유니세프 광고이다. "TV를 끄면 당신이 무엇을 할 수 있는지 보라(See what you can switch on, when the screen is off)." 바꿔 말해, TV를 끄면 꺼진 TV화면에 아이들이 재잘거

리며 행복해하는 모습을 볼 수 있다는 메시지이다. 맞다. TV를 끄면 가족이 보이고 행복도 보인다.

(6) Original: 근본적인 질문으로 ESP를 혁신한다

여섯 번째, Original 발상법이다. 문제(ESP)에 대한 근본적인 질문을 함으로써 문제를 개선하는 차원이 아니라 혁신 차원으로 이끄는 아이디어 발상법이다. 10% 개선하는 것은 어려워도 10배 좋게 만드는 혁신은 오히려 쉬운 경우가 많다. 개선은 주어진 틀에서 생각하기 때문에 한계가 있는 것이고 혁신은 새로운 틀을 짜기 때문에 한계가 없다. 그 혁신의 시작은 문제를 다시 재정의하는 데서 시작된다. 문제에 대한 근본적인(Original) 질문이 독창적(Originality)인 아이디어를 만든다. 이 질문은 ESP의 새로운 관점을 소비자들이 발견하게 하는 방법이다.

이 방법은 앞의 다섯 가지 발상과정(정보·결합·연상·역발상·드라마)을 거쳐도 ESP를 전달할 뾰족한 아이디어가 나오지 않을 때 사용한다. 문제에 대한 공부와 지독한 고민이 없으면 근본적인 질문을 할 수 없기 때문이다. 근본적인 질문으로 만든 새로운 관점의 광고는 소비자들이 광고를 보자마자 '어, 이거 뭐야?' 하는 새롭고 낯선 재미로 소비자의 시선을 멈추게 하고, '이럴 수가!' '이렇게까지?'라는 놀라움으로 소비자들에게 다가간다. 근본적인 질문은 언제나 새로운 화두를 던지고, 새로운 관점에는 사람이 보인다. 재미있는 관점일수록 더욱 그렇다.

일단 소비자가 광고에 주목하게 되면 자신에게 이익이 되는지 어떤지 알게 된다. 소비자 이익이 전달되고 나면 소비자의 상황과 마음에 맡기면 된다.

사람은 보편적으로 경험해 보지 못한 미지의 상황, 사건, 사물 등에 대해 궁금증을 갖는다. 사람은 잘 모르는 상황을 만날 때 긴장과 동시에 관심이 일어난다. 그것이 긍정적일 경우 동경심으로 이어진다. 오늘날 광고표현의 특징이 '낯설게 하기'를 통한 '재미'와 '새로움'으로 압축되는 이유이기도 하다. 이는 느닷없이 밀려오는 숭고체험의 계기이기도 하다. 아름다움이 어떤 대상이 갖는 질서와 조화, 규칙에 근거해 발생하는 긍정적 감정이라면, 숭고함은 인식체계나 도덕에 얽매이지 않는 감정의 양적 움직임이자 수학적 심미경험을 말한다.

관점의 변화이든, 시각의 변화이든, 언어의 변화이든, 소리의 변화이든, 무엇이든 세상에 긍정적인 충격을 주는 아이디어면 가능하다. 즉, 세상에 떠들썩하게 논쟁을 불러일으키면 일단 성공의 출발점이 된다. 즉, 고정관념화된 관습과 규범 그리고 억압적인 질서를 파괴시키는 계기가 되기도 한다. 그렇게 만들어진 호감이나 재미는 제품을 믿게 만들어 소비자끼리 서로 공유하게 하고 구매로 이어지게 된다.

Original 광고사례

● 광고를 다시 정의한 배달의 민족

　　'배달의 민족' 광고캠페인(2014)은 하나의 메시지를 전 매체에 전개한 IMC 캠페인이다. 광고가 예능이 될 수 있다는 새로운 관점을 제공한 광고이기도 하다. 전략과 아이디어가 기존의 광고문법을 벗어나도 한참 벗어났다. 그저 '재미'로 전략, 전술, 아이디어까지 일관성 있게 진행했다. 광고 메인모델 류승룡의 진지함에 키치(Kitsch)한 카피의 부조화가 만들어 내는 웃음코드는 광고를 넘어 예능이 되어 화제가 되었다. 버스정류장에서도, 지하철역에서도 그리고 잡지를 넘길 때에도 "넌 먹을 때가 젤 이뻐" "다이어트는 포샵으로" 등의 키치한 카피가 만들어 내는 웃음코드로 소비자들의 지쳐 있던 마음을 무장해제시켰다.

'우리가 어떤 민족입니까?'와 '배달업체'의 연결은 광고의 영역을 어디까지 확장할 수 있는 것인지 다시 생각하게 하였다. 언뜻 보면 옛것과 현재의 결합이기도 하고, 연상을 상징하는 말장난 같기도 하지만, 광고의 역할에 대한 근본적인 질문이 찾아낸 아이디어이다.

스스로 '잡지테러'라고 부른 배달의민족 잡지광고는 진지함의 과장표현, 뼈있는 B급 유머를 기본으로 '광고 같지 않은 광고'로 인식되어 얽매이지 않는 시대정신과 맞닿았다. 즉, 소비자가 진짜 원하는 것이 무엇인지, 또 광고는 어디까지 확장할 수 있을지에 대한 근본적인 질문이 근본이 다른 새로운 아이디어를 발견하게 하였다. 다음은 배달의 민족 월간 잡지테러 광고들이다.

- **1월 잡지**: 게이머즈/치킨포션으로 HP가 회복되었습니다.
- **2월 잡지**: 굿모닝팝스/치킨 × 췌킨 ○
- **3월 잡지**: 월간 윤종신/교복을 벗고 처음으로 먹던 치킨
- **4월 잡지**: 웨딩21/다이어트는 포샵으로
- **5월 잡지**: 월간 객석/오리지널 내한치킨
- **6월 잡지**: web/닭 java 먹자

- **7월 잡지**: 동아비즈니스(DBR)/닭 잡아먹고 법카 내민다
- **8월 잡지**: 시사저널/짬짜면으로 단일화
- **9월 잡지**: 월간 산(山)/김 대리 이번 주말 뭐 하나?
- **10월 잡지**: 내셔널지오그래픽(한국)/인류는 왜 닭을 선택했는가
- **11월 잡지**: 디자인/배고파서 머릿속이 #FFFFFF
- **12월 잡지**: 뉴타입/소년이여 족발을 시켜라

배달의 민족 잡지테러 광고는 자체 개발한 글꼴인 '배달의 민족 한나체'를 비주얼 헤드라인으로 이용하고, 콘셉트가 분명한 잡지를 고르고, 잡지 성격에 맞는 재치 있는 카피로 집행했다. 그리하여 그들이 말하는 것처럼 '잡지테러'가 되었다. 그것이 가능했던 것은 TV, 인터넷, 모바일 등의 매체광고의 지원이 있었기 때문이기도 하지만 무엇보다 '광고의 역할'에 대한 근본적인 질문이 재미있는 회사, 재미있는 광고로 이어졌기 때문이다. 잡지를 넘기다가 배달의 민족 광고들을 보면서 '이게 뭐야?' 하며 소비자들은 기발한 아이디어에 기절초풍할 수밖에 없었다. 배달의 민족은 광고의 성공에 힘입어 국내 1위 배달앱으로 우뚝 섰다.

● 무엇이 진짜 아름다움인가? 토론해 보자, 도브

2004년부터 현재까지 아름다움에 대한 새로운 화두를 던지면서 진행되고 있는 캠페인이다. 아름다움은 희일화 되고 정

형화된 것이 아니며, 자신을 사랑하는 데서 진정한 아름다움이 나온다는 메시지로 진행되고 있다. P&G의 오레이(Olay)에 맥을 못 추던 도브(Dove)는 리얼 뷰티 캠페인(Real Beauty Campaign)으로 마케팅 문제를 깔끔히 해결했다. 도브 제품의 판매를 700% 증가시켰다. 2003년 28만 병 판매되었던 도브 퍼밍 크림은 6개월 만에 230만 개로 늘어났다. 근본적인 질문이

가져온 강력함이다.

2004년 9월, 도브는 10개국, 3200명의 여성을 대상으로 미와 관련된 설문조사결과를 근거로, 정형화된 아름다움이 아닌 진정한 아름다움이 무엇인지 근본적인 질문을 시작했다. 조사결과는 충격적이었다. 2%의 여성만이 자신이 아름답다고 응답했고, 87%의 여성은 자신의 아름다움에 만족하지 못한다고 응답했다. 68%의 여성은 광고가 비현실적인 미의 기준을 조장하고 있다고 응답했다. 45%의 여성들은 예쁜 여성들이 더 많은 기회를 갖는다고 응답했고, 그래서 63%의 여성들은 미모관리에 신경 써야 한다고 응답했다. 반면 76%의 여성들은 외적 매력뿐만 아니라, 내적 매력도 중요하다고 응답했다.

2006년, 웬 할머니가 도브의 메인모델로 등장하여 뉴욕 타임스케어 옥외광고에 등장했다. 주인공은 런던 북부 스토크 뉴잉튼의 한 양로원에 살고 있는 올해 96세의 아이린 싱클레어(Irene Sinclair) 할머니이다. 그녀는 어깨를 훤히 드러낸 채 스카프를 쓰고 미소 지으며, "나이 든 것이 아름다움일 수 있다는 사실을 사회가 받아들일까요(Will society ever accept 'old' can be beautiful)?"라고 질문하면서, "주름인가(wrinkled)? 멋진가(wonderful)?" 둘 중 하나를 선택하라고 하면서 같이 토론해 보자고 한다. 여성들은 자신과 같은 평범한 여성이라는 동질감 때문에 환호한다. 또한 '리얼 뷰티(real beauty)'에 대해 토론을 시작했다.

- **메를린(Merlin, 45)**: 흰머리인가(grey)? 우아한가(gorgeous)?

  왜 많은 여성들이 흰머리를 달가워하지 못하는가? 뷰티토론에 참여하라 (Why can't more women feel glad to be grey? Join the beauty debate).

- **타바사(Tabatha, 34)**: 뚱뚱한가(fat)? 보기 좋은가(fit)?

  참된 아름다움이란 8 사이즈여야 하는 것인가? 뷰티토론에 참여하라 (Does true beauty only squeeze into size 8? Join the beauty debate).

- **에스더(Esther, 35)**: 반쯤 비워졌는가(half empty)? 반쯤 채워졌는가(half full)?

  풍만함에 따라 섹시함이 좌우되는가? 뷰티토론에 참여하라(Does sexiness depend on how full your cups are? Join the beauty debate).

- **레아(Leah, 22)**: 흠인가(flawed)? 흠이 아닌가(flawless)?

  아름다운 피부는 결코 흠(주근깨)이 없어야 하나? 뷰티토론에 참여하라 (Is beautiful skin only ever flawless? Join the beauty debate).

『가디언(Guardian)』의 호가드 메리(Liz Hoggard Mary) 여성기자는 말한다. "나는 '리얼 뷰티' 광고가 정치적 운동으로 확산되기를 진심으로 바란다. 나는 누군가 '외모에 맞서는 그룹'이 생겨나기를 바란다. 언젠가는 외모차별주의자(lookist)가 지금의 인종차별주의자처럼 비난받는 날이 올 것이다. 그러면 우리 모두는 더 행복해질 것이다."(2006. 11. 21. 한겨레신문)

● 도브의 리얼 뷰티 스케치

20개국 6,400여 명의 여성에게 사전조사를 해 보니, 96%가 스스로 아름답지 않다고 여겼고 오직 4%만이 자신이 아름답다고 답했다. 반면 자기보다 다른 여성이 아름답다고 응답한 비율은 80%에 이르렀다.

2013년 탄생한 역작 '리얼 뷰티 스케치(Real Beauty Sketches)'는 이러한 조사내용을 배경으로 해서 시작됐다. 내용을 간단히 스케치하면, FBI의 훈련을 받은 몽타주 화가는 대상자의 얼굴을 보지 않고 설명에만 의존하여 두 가지 그림을 그린다. 하나는 대상자 본인이 묘사한 자기 얼굴이고, 다른 하나는 대상자를 처음 본 사람이 대상자를 묘사한 얼굴이다. 결과적으로 몽타주 화가의 두 그림은 전혀 달랐다. 대상자에게 두 그림을 보게 하여 확인시킨다. 대상자는 놀라고 눈물짓는다. 누가 봐도 '내가 생각했던 나의 모습'보다 '다른 사람이 본 나의 모습'이 훨씬 아름다웠다. 결국 '나는 내가 생각하는 것보다 훨씬 아름답다.'는 것을 깨닫게 되면서 자신을 더 사랑해야겠다는 메시지로 광고는 마무리된다.

이 광고는 평상시에는 잊고 있었던 자신의 아름다움을 자각하도록 직접적이고 확실한 방법인 그림으로 확인시키고자 했다. 그 방법이 리얼 뷰티 스케치였다. 여성이 스스로를 묘사한 자기모습보다, 타인이 자신을 묘사한 그림이 훨씬 아름답다는 것을 여성들에게 확인시켜 준 것이다. 이 캠페인은 2주 만에 유튜브 조회 수 7,340만 회를 기록했다.

● 중년에서 청년으로 타깃을 바꾼 박카스

1963년 출시된 나이 든 박카스는 1994년, 관점을 바꾸어 아저씨가 아닌 젊은이들의 피로회복제가 되고자 했지만 지지부진했다. 2003년, 당시 연예인과 고위 공직자 자녀들의 병역기피 문제가 사회적 이슈가 되었는데, 박카스는 병역문제 이슈에 정면 돌파하는 당찬 청년의 모습을 '신체검사' 광고에 담았다.
　광고를 스케치해 보면 다음과 같다. 신체검사장이다. 신체검사를 준비하는 청년이 뭔가를 외우고 있다. 3527347, 3527347, 3527347, 다름 아닌 시력조견표를 외우고 있는 것이다. 같이

신체검사를 받던 친구가 어깨를 툭 치면서 말한다. "안 보이면 안 보인다고 말 해." 드디어 주인공의 차례가 되었고, 시력검사를 받는다. 그런데 담당의사가 지시하는 숫자와 주인공이 말하는 숫자는 전혀 다르다. "3·5·2·7·3·4·7" 주인공은 외운 대로 말하고, "꼭 가고 싶습니다."라고 말한 뒤 자리에 앉는다. 그 때 아웃보이스로 "사나이로 태어나서, 박카스!"라는 내레이션이 나오고, 주인공의 클로즈업된 얼굴을 배경 삼아 '젊은 날의 선택'이라는 자막과 제품이 세팅된 장면으로 광고는 끝난다. 박카스와 젊음이 만나 박카스 신화가 시작되는 광고였다.

박카스 '신체검사 편'은 시대상황과 꼭 맞아 사회적으로 큰 반향을 일으켜 개그콘서트나 연예 프로그램에서 패러디가 많이 나왔다. 매출에도 크게 기여했고, 젊음의 도전·열정·땀의 상징으로 기억되어 나이 든 박카스가 아니라, 젊은 박카스의 재출발이 되어 젊은 박카스로 재탄생할 수 있었다.

● 웹툰 소설의 새로운 틀을 만든 네이버 시리즈

'인생작을 만나다' 캠페인엔 배우 김윤석, 수애, 이제훈, 변요한이 각각 웹소설 속 주인공 역할을 실감나게 연기하였다.

• 김윤석은 웹소설 『중증외상센터, 골든아워』 편에서 주인공 '백강혁'을 연기했다. 충분히 살릴 수 있는데도 죽어나가는 환자들이 나올 수밖에 없는 의료시스템의 치부를 드러낸다. "내가 이 병원에 온 이상 더 이상 멍청한 짓은 용납할 수 없어."라고 외치는 김윤석은 광고의 집중도를 높이면서 웹소설에 대한 기대감을 높여 주었다.

• 『재혼황후』 편에 출연한 수애는 변심한 황제에게 통렬하게 복수하는 자존감 높은 '황후' 역을 연기했다. "연적…… 연적이라…… 폐하의 그녀는 황후인 제게 연적이 아닙니다. 폐하께서 제게 연인이 아닌데 어떻게 그녀가 제게 연적이겠습니까? 폐하에겐 소중한 연인이지만, 제겐 그냥 남과 마찬가지지요."

- 『혼전계약서』 편에서는 이제훈이 차가우면서도 낭만적인 주인공 '한무결' 역을 연기했다. 비혼주의자 우승희가 결혼을 미루려고 금왕그룹 회장의 아들인 한무결과 혼전계약을 맺으려 할 때 말한다. "이 결혼에 사랑 같은 건 없어도 됩니다. 딥한 애정, 오히려 그게 더 무서운 거예요. 혼전계약서 쓰죠, 까짓 거."

- 『장씨세가 호위무사』 편에서는 변요한이 장씨세가의 호위무사 '광휘'로 변신했다. "난 영웅이 아니오, 소저의 호위무사일 뿐. 그러니 내 죽음은 소저가 신경 쓸 일이 아니오."

 흑백영상으로 이루어진 광고에 네 명의 연기파 배우가 소설의 명대사를 실감나게 연기하여, 광고의 몰입감과 함께 네이버 웹툰 소설의 기대감을 한껏 높였다. 마지막에 "네이버에서 인생작을 만나다. 네이버 시리즈……"라는 공통적인 카피로 마무리했다. 이 '인생작' 시리즈 광고는 엄청난 화제를 낳았다. 캠페인 공개 이후 일주일 만에 조회 수 732만 뷰를 달성했고, 해당 광고 작품 매출 422% 상승, 주간 매출 15.2% 증대 등 괄목할 만한 비즈니스 성과를 거뒀다. 또한 기존 웹소설의 부정적인 요소를 긍정적으로 바꾸는 계기를 마련했다.

● 필기구 스타빌로 보스 'Highlight the Remarkable' 광고
 스타빌로 보스(Stabilo Boss)는 위대한 남성 뒤엔 위대한 여성이 있다는 말을 부정한다. 대신 위대한 여성이 있었기에 위대

한 역사가 있었음을 말한다. 인류사에서 결정적인 역할을 했지만 제대로 인정받지 못하는 여성이 너무 많다. 그동안 평가받지 못했던 숨겨진 여성들을 재조명함으로써 반성과 성찰의 묵직한 메시지를 전달한다. 주인공은 아니지만, 가장 중요한 사람이 누군지 알리고 싶다면 형광펜을 사용하라는 관점의 전환이다. 광고는 위대한 역사를 만드는 데 큰 역할을 했지만 주목받지 못했던 3명의 여성들을 소환하여 중요한 인물로 재조명하였다.

• 미국의 28대 윌슨 대통령의 아내, 이디스 윌슨(Edith Wilson). 윌슨 대통령이 뇌졸중으로 쓰러졌을 때 남편을 대신해 남은 임기 동안 (비공식적으로) 국정운영을 대신했다. 비주얼은 윌슨 대통령이 야구공을 던지는 순간에 뒤에서 환한 웃음을 지으며 바라보고 있는 이디스 윌슨이 부각되도록 형광펜으로 다시 소환하고 있다.

- 흑인 여성 수학자, 캐서린 존슨(Katherine Johnson). 아폴로 11호를 달에 착륙시키는 데 결정적인 역할을 한 인물이지만 당시 NASA의 인종차별과 남녀차별 등에 밀려 주목을 받지 못했다. 영화 〈히든 피겨스(Hidden Figures)〉로 주목받았다. 광고는 수많은 남성으로 가득한 나사의 상황실에서 보일 듯 말 듯한 모습으로 촬영된 그녀를 형광펜으로 다시 소환했다.

- 오스트리아 여성 물리학자, 리제 마이트너(Lise Meitner). 핵분열을 발견하는 데 결정적인 역할을 했지만, 함께 연구했던 동료가 공동연구자로 인정하지 않아 노벨상 수상자에서 제외되었던 인물이다. (1997년 발견된 원자번호 109번 원소 마이트너륨은 리제 마이트너의 이름을 딴 것이라고 한다.) 역시 형광펜으로 그녀를 다시 소환했다.

● 고객과 상담원의 마음이음 연결음, GS칼텍스와 한국GM

고객센터 상담원은 상담전화를 받는 동안 폭언과 욕설 그리고 성희롱에도 웃으면서 고객을 상대해야 하는 감정노동자이다. 상담원들의 고충은 이미 널리 알려져 있지만, 여전히 개색

의 폭언과 욕설에 시달리고 있었다. 이를 해결하고자 고객과 상담원이 연결되는 지점에 '폭언을 차단하는 아이디어'를 생각했다. 이 아이디어를 통해 GS칼텍스와 한국GM은 상담원 업무 개선을 위한 협업을 진행하였다.

관련 개발 사항이 빠르게 착수되었고 고객과 상담원들의 통화 직전, 상담원도 누군가의 가족임을 떠올릴 수 있도록 상담원의 '아빠, 딸, 남편'의 목소리를 '마음이음 연결음'으로 만들어 실제로 적용하였다.

> "착하고 성실한 우리 딸이 상담드릴 예정입니다."
> "제가 세상에서 가장 좋아하는 우리 엄마가 상담드릴 예정입니다."
> "사랑하는 우리 아내가 상담드릴 예정입니다."

고객들이 이 통화 연결음을 듣고 상담원도 누군가의 소중한 딸이고 엄마이고 아내임을 깨닫게 해, 상담원과 고객의 마음을 연결해 주는 계기가 되었다. 연결음 적용 후, 상담원들의 스트레스는 54.2% 감소했고 고객의 친절한 한 마디는 8%, 존중받는 느낌은 25%, 고객이 친절할 것이라는 기대도 25%나 증가하는 놀라운 변화를 보였다. 이러한 성과는 얼마나 더 친절하게 응대할 것이냐가 아니라, 고객도 상담원도 모두 가족의 소중한 구성원이라는 새로운 관점으로 접근한 결과이다.

● 화장품으로 독일 여성 불평등 문제를 제기한 로레알

여성의 유리천장 문제는 동서양이 한통속인 모양이다. 2019
년 독일 뒤셀도르프 지사와 광고회사 맥캔(McCann)의 기업임
원 성별 역할 분석연구 결과, 독일 기업 경영진 91.4%가 남성
이라는 사실을 알게 되고, 의사결정은 남성 임원이 주도했지만
여성 임원이 더 유능한 결과를 낸다는 사실도 밝혀 냈다. 광고
창작자들은 이 사실을 토대로 로레알(L'ORÉAL) 화장품의 광고
를 만들었다.

립스틱, 마스카라, 네일 폴리쉬 3편의 인쇄광고였다. 3편 모
두 "남자들을 위한 광고(This is an Ad for Men)"라는 동일한 헤드
라인을 사용하였다. 남성들이 보고 반성하라는 의미가 담겨 있
는 헤드라인이다. 립스틱 편에서는 '관리직의 30%가 여성이면
수익성이 15% 증가한다.'라는 정확한 데이터를 보여 주었고,
마스카라 편에서는 'Men, 관리검토 부분에서 여성이 남성보다
24% 더 나은 성과를 낸다.'는 근거를 제시하고, 네일 폴리쉬 편

제3부 아이디어 발상

에서는 '여성리더십은 연간 20% 더 많은 특허로 더 많이 혁신한다.'는 데이터를 제시한다.

각각 립스틱, 마스카라, 네일 폴리쉬를 활용하여 인포그래픽(info-graphics)으로 시각화하여 한눈에 알 수 있게 제시함으로써 제품의 아름다움도 알리고, 여성들의 능력도 세상에 알려서 독일의 성평등 문제점을 꼬집었다. 여성을 아름다움의 대상이 아니라, 남성과 똑같은 인간으로 봐야 한다는 것을 보여 준 사례이다.

● 화학조미료에서 지고, 천연조미료에서는 이긴 다시다

1956년 미원이 탄생했다. 미원은 일본의 조미료 아지노모토의 철저한 'Me-too'브랜드였다. 실제로 미원의 일본식 발음이 '아지모토'이다. 미원은 일찌감치 1위로 독주하고 있었다. 1957년 원형산업사에서 출시한 '미풍'은 1963년 제일제당으로 인수되어 의욕적인 새출발을 하였지만 격차는 7:3으로 더 벌어졌다. 미풍은 삼성의 막대한 자금력을 비탕으로 1969년 고농축 '미풍100', 1977년 입자가 고운 '알비티씨미풍'과 '아이비'를 개발 · 출시하며 고군분투하였으나 역부족이었다.

1980년대 초반 '다시다'로 천연조미료 시장을 개척하기 시작했다. 천연조미료를 표방하는 다시다의 출시로 조미료 시장의 흐름을 화학조미료에서 천연조미료 시장으로 바꾼 것이다. 누가 생각해도 화학조미료보다 천연조미료가 더 낫다고 생각하는 것은 당연한 결과였다. 천연조미료 시장으로 싸움의 장소를 바꾸면서 '다시다'는 천연조미료 시장의 최초가 되어 1위로 올라서게 됐다. 미원에서 뒤따라 나온 '맛나'는 2위에 머물 수밖에 없었다. 이후 다시다는 천연조미료라는 USP를 이용하여 '고향의 맛'이라는 ESP를 만들고 '어머니의 손맛' '그래 이 맛이야' 등의 메시지를 발굴해 지속적으로 광고하면서 추격해 오던 '맛나'를 여유 있게 따돌리고 독보적인 1위를 구축하였다.

● 여성용 담배를 남성용 담배로 바꾸어 남자의 전설이 된 말보로

제3부 아이디어 발상

말보로(Marlboro)는 1924년 여성용 담배로 출시되었으나 시장에서 실패하여, 1954년 남성용 담배로 재탄생했다. 의뢰를 받은 광고인 레오 버넷(Leo Burnett)은 미국 남성들이 동경하는 서부개척시대에 주목했다. 서부개척시대를 상징하는 이미지인 카우보이를 말보로의 상징이미지 캐릭터로 채용한 것이다. 그렇게 1954년 말보로 카우보이 광고가 처음 시작됐다. 말보로 광고에서 카우보이의 등장은 미국 남성들의 가슴에 불을 질렀다. 카우보이의 깊은 눈빛, 거친 피부, 사이드가 올라간 카우보이 모자, 털로 덮인 팔뚝을 소유하고 온몸으로 거친 일상과 남성다움을 발산하는 카우보이로 남성 흡연자들의 열렬한 지지를 받게 된 것이다.

그렇게 말보로는 서부의 야성적인 삶을 동경하는 남성들의 기대와 환상에 부응하여 미국 남성의 아이콘이 되었고, 향수(Nostalgia)가 되었다. 말보로 맨(Marlboro man)의 성공으로 말보로 컨트리(Marlboro Country)로 이미지를 확장하여 말보로 광고 캠페인은 45년간 이어졌다. 남성용으로 바꾸고 말보로 카우보이 광고 론칭 이후 2년 만에 200억 달러를 달성하여 250% 성장하였다. 1972년 이후 50년간, 전 세계 판매 1위 자리를 지켜오고 있고 170개가 넘는 국가에서 판매되고 있다.

● 갈증해소 시장이라는 새로운 시장을 개발한 게토레이

88서울올림픽 개최를 앞두고 1987년 포카리스웨트와 게토레이의 한국판매가 시작됐다. 선발주자였던 포카리스웨트의 절대적 우세 속에 게토레이는 고전을 면치 못했다. 게다가 광고전략의 잦은 변경으로 포카리스웨트의 Me-too 제품으로 비춰지게 되었다. 그 당시 올림픽의 영향으로 스포츠 드링크 시장은 크게 성장세에 있었다. 게토레이는 알칼리성 이온음료 시장에서는 승산이 없다고 판단하고 새로운 시장으로 눈을 돌렸다.

이온음료 카테고리에서 벗어나 '갈증해소 음료'로 리포지셔닝을 시도한 것이다. '갈증해소를 위한 음료-게토레이'라는 메인 메시지를 걸고, '달지 않아야 하고, 흡수가 빨라야 하고, 몸 전체를 적셔야 한다.'는 조건을 갖추어야 갈증을 해소할 수 있다는 광고를 시작했다. 타깃은 20~30대 남성에 초점을 맞추고, 모델은 박상원을 기용했다. 리포지셔닝 이후 1989년 35억

이었던 매출이 1990년에는 111억 원, 1991년에는 235억 원으로 급신장했다. 이와 동시에 스포츠 이온음료 시장의 전체규모도 급신장하는 계기를 마련했다. '갈증해소 음료'가 소비자들에게 알려지면서 한때 공급물량 부족사태가 빚어지기도 할 정도였다. 광고 이후 1991년경에는 포카리스웨트를 제치고 반짝 1위를 차지하기도 했으나, 광고전략의 일관성 부족으로 다시 이온음료 시장으로 흡수되어 그 존재감을 잃고 말았다.

● 여행이 우리를 떠났다는 새로운 관점, 아시아나 항공

해마다 사람들은 여행을 떠난다. 가족과 함께, 친구와 함께 여행을 떠난다. 당연한 일상이었다. 그러나 코로나19로 인해 여행길이 막혀버려 여행을 갈 수가 없었다.

아시아나 항공은 광고의 관점을 바꾸었다. 광고 내용은 다

음과 같다. "처음으로 여행이 우리를 떠났습니다."라는 내레이션으로 시작된다. 여러 영상이 스케치된다. 냉장고에서 음식을 꺼낸 뒤 냉장고 문에 붙은 여행사진을 바라보는 여성, 마스크를 착용하고 생활하는 사람들, 여행은 자연스레 다음으로 미루게 되고 영상통화로 안부를 묻는 가족의 영상들이 지나간다. "여행이 떠나고 나서야 알게 되었습니다, 여행이 있던 일상의 소중함을." 여행 갔다 돌아오는 영상 장면들이 스케치된다. "모든 여행의 마지막은 제자리로 돌아왔듯이 다시 돌아올 것입니다." "그때, 함께 날 수 있기를, 아시아나항공"으로 광고는 끝난다. 광고전반의 내레이션 배경으로 흐르는 이적의 '당연한 것들'이라는 배경음악도 전체느낌을 공감시키는 데 한몫을 했다.

2020년 8월 유튜브에 게시된 지 4일 만에 82,000회의 조회수를 기록했고, 두 달 만에 조회 수 1,000만을 돌파했다. 얼마나 사람들이 여행에 목말라 있었는지, 또 이 메시지에 공감하고 있었는지 알 수 있는 대목이다. 코로나19로 여행에 대한 근본적인 질문을 한 결과이다.

● **아빠도 육아휴직을 신청할 수 있다는 새로운 관점**

육아휴직은 여성만 하는 것이라는 사회통념을 깨뜨린 광고이다. 롯데그룹 육아휴직 제도는 여성육아휴직을 최대 2년을 보장해 주고, 남성육아휴직도 최소 1개월 이상 사용하도록 의무화하는 프로그램이다. 육아휴직 첫 달 통상임금의 100%를

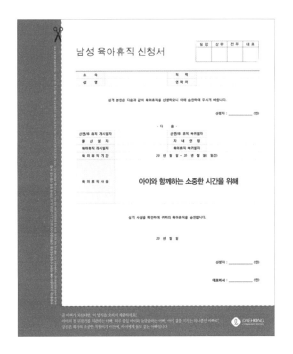

지급하고, 눈치 보지 않는 휴직문화를 조성하여 〈대디스쿨〉 등 남성육아 교육 프로그램을 운영한다.

광고는 육아휴직신청서 자체를 메인비주얼로 하는 파격적인 시도를 하였다. 롯데에 다니는 직원 중 '곧 아빠가 되신다면, 이 양식을 오려서 제출하세요.'라는 메시지와 표현으로 광고 자체가 육아휴직신청서가 되도록 했다.

아이디어가 좋다면, 그 아이디어가 진정성이 있다면 그 아이디어 자체를 시각화하여 보여 주는 것 자체로 최고의 아이디어가 될 수 있음을 보여 주는 좋은 사례의 광고라 하겠다. 이 광고에서는 롯데에서는 2,003명의 아빠 직원이 남성육아휴직을 실행했다고 나와 있다. 역시 좋은 아이디어는 좋은 프로그램, 좋은 제품에서 나온다는 것을 실감할 수 있는 광고라 할 수 있을 것이다. 개선이 아닌 혁신을 이룬 예이다.

● 레드락의 '퇴근하겠습니다' 캠페인

2018년, 52시간 근무정착 응원을 위해, 나폴레옹, 예수, 이삭 줍는 여인들, 비너스, 모나리자 등 명화의 주인공들이 칼퇴를 해 버린다. 오비맥주 레드락 광고팀은 서울에서 직장인이 많이 모이는 곳에 LED 갤러리와 오프라인 갤러리를 설치했다. 일과 시간에는 명화가 전시되지만, 퇴근 시간이 되면 명화 속의 주인공이 사라져 버린다. 사라진 자리에는 카피가 떠오른다. "고흐도 퇴근했습니다." "나폴레옹도 퇴근했습니다." "모나리자도 퇴근했습니다." 등으로 창조주(미켈란젤로), 키스하는 연인(클림트), 이삭 줍는 여인(밀레), 절규(뭉크), 비너스(보티첼리), 예수

님(다빈치) 등이 퇴근해 버린다.

술은 보여 주지도 않았다. 술을 마시라고 강요하지도 않았지만 술을 마시라는 말보다 더 술을 마시고 싶게 만드는 캠페인이다. 직장인이 일찍 퇴근하면 어딜 가겠나? 술 한잔하러 가야지. 친구랑 마시든, 애인이랑 마시든, 배우자랑 마시든, 동료랑 마시든. 칼퇴 후 마시는 맥주 한잔의 즐거움을 유쾌한 상상으로 전달하였다. 이 캠페인으로 레드락의 브랜드 인지도(6%)와 호감도(73.8%)가 올라갔고 응답자 중 69.4%는 레드락을 마셔 보고 싶다고 응답했다. 매출은 2017년에 비해 78% 상승했다.

● 소녀처럼 달리고, 던지고, 싸워 보세요, 올웨이즈

여성 생리대 올웨이즈(Always)는 사회가 만들어 놓은 여성이미지의 틀을 유쾌하게 깨부수는 '소녀처럼(Like a girl)' 캠페인을 진행하였다. 오디션을 가장한 실험 카메라 앞에서 16~24세의 젊은 남녀들이 소녀처럼 연기해 달라는 요청을 받는다. 그들은 '소녀처럼' 수줍게 총총거리고, 나약하게 행동하고, 주먹으로 때리는 대신 앙탈을 부리는 연기를 했다. 그러나 같은 요청에 열 살 전후의 '진짜 소녀들'의 반응은 달랐다.

소녀들은 힘껏 달렸고, 힘껏 던졌고, 자신에 찬 주먹을 휘둘렀다. 마치 소년처럼 행동했다. 우리의 관념 속에 '소녀처럼'이라는 말은 나약함과 수줍음을 나타내는 말이다. 올웨이즈는 이러한 잘못된 관념에 균열을 일으키고자 했다. 가장 중요한 것은 소녀들이 사회가 만든 이미지에 갇히지 않고 지금 자신이 원하고, 하고 싶고, 잘할 수 있는 것을 '나답게' 행동하는 것임을 일깨운다. 이 캠페인은 'like a girl'이 계속 놀라운 일을 하라는 긍정적 메시지로 바꾸었다. "예, 저는 소녀처럼 차고, 소녀처럼 수영하고, 소녀처럼 걷고, 소녀처럼 아침에 일어납니다. 나답게."

● 역사는 되풀이될 수 있습니다, 프로스펙스 정신대

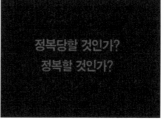

제3부 아이디어 발상

일본의 독도 영유권 주장 등 경제침략이 자행되던 1994년 9월에 시작된 캠페인이다. '정복당할 것인가, 정복할 것인가' 역사는 되풀이될 수 있다는 메시지가 핵심 메시지이다. 국산브랜드를 사용하라는 일종의 애국메시지라고도 볼 수 있다. 실제로 몇 년 뒤 대한민국은 국가부도 위기로 IMF 구제 금융을 받게 되는 치욕적인 경제유린을 당했다.

프로스펙스 정신대 광고는 그동안 광고에서 금기시되어 왔던 정신대(위안부)를 소재로 했다는 점에서 엄청난 관심을 끌었다. 심지어 가장 프라임 타임이라고 하는 9시뉴스 등 여러 곳에서 이 광고를 취재했다. 이 광고의 메시지는 국산 스포츠 브랜드의 고사위기 속에 진행되었다. '국산브랜드를 이용하지 않으면 애국자가 아니다.'라는 읍소를 해서라도, 국산브랜드로서 독자적인 영역의 구축을 시도하려고 발버둥쳤던 광고였다.

● 헌혈은 69세까지 가능하다

2015년 대한적십자사의 헌혈공모전 수상작이다. 헌혈은 튼튼한 학생, 김 병장, 박 과장만 하는 것이 아니라, 부모님도 하실 수 있다는 새로운 관점을 제시한 캠페인이다. 통계상 헌혈을 가장 많이 하는 그룹은 학생, 군인, 회사원 등 비교적 젊은 층이다. 기성세대는 상대적으로 헌혈에 참여하는 비율이 낮다. 특히, 나이 든 부모님은 자신들은 헌혈할 수 있는 대상이 아니라고 단정하는 경우가 많다. 잘못된 정보이다.

의외로 헌혈엔 나이제한이 없다. 69세까지 가능하니까. 우리 부모님도 헌혈하실 수 있다고. 그러니까 말한다. '학생! 엄마 모시고 와!' '김 병장! 엄마 모시고 와!' '박 과장! 엄마 모시고 와!'라고. 작은 관점의 차이로 부모님도 헌혈을 하실 수 있다는 정보를 제공하였다.

● 흉내 낼 수 없는 하인즈 토마토케첩

제3부 아이디어 발상

누구나 토마토로 케첩을 만든다. 그러나 하인즈 케첩처럼 질 좋은 토마토로만 만드는 회사는 없기 때문에 누구도 하인즈 케첩을 흉내 낼 수 없다는 메시지이다. "어느 누구도 하인즈 케첩처럼 토마토로만 케첩을 만들 수 없다."라는 당연한 말도 하인즈가 말하니 말이 되는 것이지, 다른 브랜드가 했다면 거짓말이거나 과장광고라고 웃음거리가 되었을 것이다. 같은 '기본'이라는 말도 누가 하느냐에 따라 그 강도는 달라진다.

● 색소가 들어 있지 않은 가그린

대부분의 입안세정제는 파랗다. 깨끗하게 보이기 위해서이다. 그런데 가그린은 색소를 넣지 않았다. 왜? 원래 세정제는 색소가 없었으니까. 깨끗하게 보이려고 색소를 탄다면, 정작 깨끗해야 할 입속은 깨끗하지 못하게 된다는 주장이다. "그래서 나는 가그린을 씁니다."라는 카피가 힘을 얻는 이유이다.

● 말보다 증거로 웅변하는 금연 광고

미국 암환자 구호협회(Cancer Patients Aid Association: CPAA) 광고이다. 금연하라는 메시지가 없다. 그냥 담배 하나가 놓여 있고 담배 끝에 주석표시만 있다. 그런데 그 주석의 양이 어마어마하다. 흡연이 해롭다는 차고 넘치는 증거들이다. 이래도 계속 흡연할 거냐고 묻는다. 흡연은 간에, 허파에, 눈에 …… 등에 나쁘다고 말하지 않고, 그냥 보고 느끼라는 관점의 변화이다. 강요하지 않지만, 강요하는 것보다 더 강하다.

● 피부의 일부라고 착각할 정도로 편한 청바지, 리바이스

대부분의 청바지는 거칠지만, 리바이스 청바지는 너무 편해 피부의 일부라고 착각할 정도이다. 즉, 옷을 입었지만 너무 편해 입지 않은 것으로 착각해 옷을 입은 채로 샤워할 정도라고 과장해서 전달한다.

● 누가 타도 주행감을 만끽할 수 있는 벤츠

주행감을 즐길 수 있어야 벤츠를 제대로 즐기는 것이다. 어떤 체형의 운전자라도 벤츠의 주행감을 즐길 수 있으니 안심하고 벤츠를 구매하라는 메시지이다.

● 고객의 물건을 소중히 다루는 페덱스

　　배송회사의 기본은 빠른 배송이 아니다. 고객의 물건을 '안전하고 빠르게' 배송하는 것이다. 둘 중 어느 것도 포기할 수 없는 기본이다.

　　　　　　　　　　　　　　　　　제3부 아이디어 발상

5) I CAN DO 발상: 검증과정

우리는 보통 오랫동안의 고민 끝에 만들어진 아이디어가 제대로 된 아이디어인지 아닌지 판단하기가 어렵다. 나 자신이 그 문제 속에 푹 빠져 있기 때문에 객관적으로 나의 아이디어를 바라보기가 어렵다. 당연한 일이다. 모든 아이디어가 내가 고민했던 아이디어이기 때문이고, 나름대로 이유가 있기 때문이다. 즉, 문제 속, 상자 속에 빠져 있기 때문이다. 아이디어를 조망하기 위해서는 상자 밖으로 나와야 한다. 상자 밖으로 나와서 객관적으로 상자 속의 아이디어를 바라볼 수 있어야 제대로 검증할 수 있다. 메타인지가 필요한 것이다. 메타인지를 가능하게 하는 판단 기준이 있다면 좋을 것이다. 그 기준은 준비과정에서 검토하였던 것을 확인하는 것으로 충분하다. 검증을 위한 다른 특별한 기준이 있을 수 없다. 검증은 언제나 출발할 때의 문제가 제대로 유지되고 있는지, 제대로 해결되고 있는지 확인하는 것으로 충분하다. I CAN DO 발상법에서 제시하는 검증을 위한 I CAN DO도 준비과정에서의 출발점을 기준으로 삼아 발상한 아이디어를 하나하나 검증해 보면 된다. 어렵지 않다.

즉, 그 아이디어가 문제를 분명하게 나타내고 있는지 (Identity), 믿을 수 있는 근거는 분명한지(Credibility), 매력적인지(Attractive), 새로운지(Newness), 의미 있고 극적인 이야기 요소가 있는지(Dramatic), 쉽고 단순하여 명쾌한지(Obviousness)

차근차근 살펴보는 것이다. 검증과정의 영문 첫 글자를 모으면 I CAN DO가 된다.

이 중에서 한 가지 이상의 요소가 분명하게 표현되었다면 그 아이디어를 선택하여 구체화하여도 무방하다. 대부분의 좋은 아이디어는 두세 가지 이상이 해당될 것이다. 굳이 여섯 가지를 다 충족시킬 필요는 없다. 다 충족된다고 나쁠 것은 없지만 꼭 좋다고도 할 수 없다. 강력한 소비자 이익이 표현되었다면 한 가지만 충족해도 소비자는 충분히 만족한다.

I CAN DO 발상법을 요약 · 정리하면

아이디어는 물건을 팔 수 있어야 창의적이라 말할 수 있다. 광고에서 창의력은 무엇이건, 고치고 또 고치기를 반복하는 힘이다. 또 수정 · 반복하는 행위가 창의적이며, 수정 · 반복하고자 하는 태도(의지)가 창의성이다. 또한 수정 · 반복하는 사람이 창작자이다. 그것을 제외하고 아이디어 발상을 돕는 어떤 영감 같은 것은 없다고 나는 믿는다. 영감은 피, 땀, 눈물 등 지독한 정신적 · 육체적 노동의 반복을 통해 어쩔 수 없이 배설되어 나오는 것처럼 떠밀려 나오는 것이지 신이 나에게 주는 은덕이 아니다. 타고나는 재능도 아니나, 반복보다 더 나은 아이디어 발상훈련은 없다. 이것이 아이디어 발상을 위한 첫 번째 전제이다.

아이디어는 상식을 깨면서 특별해진다. 그 특별한 아이디어를 상대방에게 전달할 때는 상대방도 알고 나도 아는 상식의 언어로 말해야 한다. 쉽고 명확해야 한다. 그래야 비로소 상대방은 나의 특별한 아이디어를 알아차리고, 이해하고, 공감하여, 감동으로 이어질 수 있다. 나만 아는 언어로 말하면 무조건 내 아이디어는 아무짝에도 쓸모없는 아이디어라고 말하는 꼴이 되어 버린다. 상식을 깬 아이디어는 상식적으로 말해야 한다. 아이디어는 광고인의 상품이고, 크리에이터의 상품이다.

아이디어는 단순하고 명쾌하게 정리되어야 뒷맛도, 매력도, 공감도 얻을 수 있다. 단순함(simple)이란 더할 것도 뺄 것도 없이 핵심만 남아 있는 상태를 말한다. 말을 하다가 마는 것이 아니라, 하고 싶은 말을 모두 다 하는 것이다. 그러므로 단순함이란 한 줄의 카피가 될 수도 있고, 열 줄의 카피가 될 수도 있다. A4용지 한 장이 될 수도 있다. 즉, 자기가 하고 싶은 말을 충분하게 다 하고, 군더더기가 없는 상태가 단순한 상태이다. 이른바 심플하다는 의미는 이런 뜻이다.

I CAN DO 발상법에는 아이디어를 찾기 위한 '태도, 준비, 발상, 검증'의 과정이 포함되어 있다. 아이디어를 발견하기 위해서는 아이디어를 발견할 수 있다는 태도가 없다면 어떠한 경우에도 좋은 아이디어를 발견하기 어렵다. 그래서 아이디어 발상

을 시작할 때 'I can do'를 외치는 것은 언제나 효과적이다. 촌스럽다고 생각하지 마시라.

I CAN DO 아이디어 발상 준비과정은 아이디어의 질(quality)과 직결된다. 그러므로 준비의 I CAN DO를 살펴보아야 한다. 첫째, Identity이다. 문제가 무엇인지 분명하게 파악해야 한다. 문제를 모르고는 문제를 풀 수 없다. 그런데 현실에서는 문제를 제대로 모르면서 문제를 풀겠다고 하는 멍청한 일이 일상적으로 일어나고 있다. 문제가 무엇인지 알았다면, 둘째, Credibility이다. 그 문제를 풀 수 있는 믿을 수 있는 근거를 소비자 입장이거나, 소비자 이익의 측면에서 마련하여야 한다. 그래야 소비자들이 믿기 때문이다. 셋째, Attractive이다. 소비자 입장에서 매력적인 요소를 발견하거나, 넷째, Newness로 새로운 관점을 찾아내고, 다섯째, Difference로 그 아이디어가 다른 것과 다른 점을 찾아야 한다. 최종적으로 Obviousness인데, 찾아낸 해결책을 단순하고 명확하게 정리해야 한다. 준비과정의 I CAN DO에서 여섯 가지 요소를 다 충족시킬 수는 없다. 그중 한두 가지만 분명하면 그것으로 소비자의 공감을 얻어내기에 충분하다.

Identity: 풀어야 할 문제의 핵심(정체성)이 잘 나타나 있는지 확인한다.

Credibility: 믿을 수 있는 수상인지 확인한다.

Attraction: 매력적인지 확인한다.

Newness: 새로운지 확인한다.

Difference: 다른 것과 차별되는 것인지 확인한다.

Obviousness: 최종적으로 분명하고 구체적인지 확인한다.

I CAN DO 아이디어 발상과정에서의 핵심은 ESP의 구체적인 표현이다. 즉, 기업 입장이 아니라(USP) 철저하게 소비자 입장, 소비자 이익의 측면(ESP)에서 표현되어야 한다는 말이다. 그것을 전제로 여기서 제시된 I CAN DO의 순서대로 아이디어 발상을 하는 것이 유리하다. 권장한다. 왜냐하면, 첫 번째 Information은 문제(ESP)가 무엇인지 분명히 하는 과정이므로 모든 아이디어 발상의 출발점이 된다. 만약 첫 번째 단계에서 강력한 ESP가 있다면 그것을 표현하면 된다. 그것이 여의치 않을 때는 두 번째 단계인 Combine 단계로 들어가 결합의 방법으로 ESP를 표현하게 된다. 요즘엔 좋은 소비자 이익을 가진 제품이라 하더라도 평범하게 표현하면 흥미를 끌지 못하는 경우가 많다. 결합의 방법은 평범한 것을 새롭게 보이도록 하는 데 유용한 방법이다. 만약 결합의 방법으로도 ESP를 표현하기가 어려울 경우, 세 번째, Association 단계로 들어간다. 연상의 방법은 에둘러 말함으로써 아이디어에 감칠맛을 부여한다. 연상의 방법으로도 미흡할 경우 네 번째 Negative opinion 단계

로 들어가 반대의견, 즉 역발상을 해 보는 것이다. 역발상의 핵심은 부정으로 시작하더라도 반드시 긍정으로 끝내는 것이다. 제품을 학대하더라도 소비자 이익(ESP)을 잘 보여 주어 제품을 더 돋보이게 하는 것이지, 단순히 강력한 충격을 주기 위한 것이 아님을 명심할 필요가 있다. 그럼에도 아이디어가 미흡하다고 생각되면 다섯 번째 단계인 Drama, 즉 스토리텔링을 하는 것이다. 사람은 이야기적으로 생각하고 이야기를 기억하기 때문이다. 소비자 이익도 이야기로 말하면 훨씬 더 기억하기 쉬워진다. 드라마 기법은 거부감은 낮추고 설득력은 높여서 공감에 이르게 하는 좋은 방법이다. 드라마 단계까지 발상하면 주어진 상황에서의 아이디어 발상은 다 하게 된다. 그럼에도 아이디어가 만족스럽지 못하다면 여섯 번째, Original 단계로 들어간다. 처음으로 돌아가 문제(ESP)에 대해 근본적인 질문을 하여 문제의 개선이 아니라 혁신으로 이끄는 방법이다. 10% 개선이 아니라, 10배 더 좋게 만드는 혁신에 이르게 하는 오리지널 발상은 ESP를 새로운 관점으로 바라봄으로써 소비자들이 그냥 지나쳤던 소비자 이익에 대해 다시 생각하는 계기를 만들 수 있다. 모든 아이디어가 그렇지만, 오리지널의 발상법은 기존의 고정관념화된 관습과 규범 등 억압적인 질서를 깨는 계기를 마련할 수 있다는 점에서 강력하다. 이렇게 아이디어 발상의 I CAN DO를 활용하면 효과적으로 아이디어를 발상할 수 있다.

Information: 문제 자체의 ESP 표현

Combine: 결합을 통한 ESP 표현
Association: 연상과 연결을 통한 ESP 표현
Negative opinion: 반대의견을 통한 ESP 표현

Drama: 소비자 이야기를 통한 ESP 표현
Original: ESP에 대한 근본적인 질문

아이디어를 발상했으면 그 아이디어가 제대로 된 아이디어 인지 아닌지 확인할 수 있는 I CAN DO 검증단계를 거쳐야 한다. 아이디어 검증은 준비단계에서 도출된 I CAN DO를 확인하는 것으로 충분하다. 당신의 아이디어가 문제(ESP)를 분명하게 나타내고 있는지(Identity), 믿을 수 있는 근거는 분명한지(Credibility), 매력적인지(Attractive), 새로운지(Newness), 의미 있고 극적인 이야기 요소가 있는지(Dramatic), 쉽고 단순하여 명쾌한지(Obviousness) 차근차근 살펴보는 것이다. 이 검증 과정의 영문 첫 글자를 모으면 I CAN DO가 된다. 이 중에서 한 가지 이상의 요소가 소비자 이익 관점에서 명확하게 표현되었다면 그 아이디어를 선택하여도 무방하다. 대부분의 좋은 아이디어는 두세 가지 정도가 해당될 것이다. 굳이 여섯 가지를 다 충족시킬 필요는 없다. 다 충족된다고 나쁠 것은 없지만 꼭 좋

다고도 할 수 없다. 강력한 소비자 이익이 표현되었다면 한 가지만 충족해도 소비자는 충분히 만족한다.

Identity: 문제(ESP)를 분명하게 나타내고 있는지

Credibility: 믿을 수 있는 근거는 분명한지
Attraction: 매력적인지
Newness: 새로운지

Dramatic: 극적인 이야기 요소가 있는지
Obviousness: 쉽고 단순하여 명쾌한지 따져 보는 것이다.

I CAN DO 한 문장으로 실명한 아이니어 발상을 위한 태노, 준비, 발상, 검증의 과정을 통해 나온 아이디어는 소비자를 이롭게 하여야 한다. 무조건. 소비자 이익을 줄기차게 강조하는 것도 소비자를 이롭게 하기 위해서이다. 비즈니스든, 광고든, 무엇이든 모든 거래는 상대방을 이롭게 하고 돈을 버는 것이다. 광고 아이디어도 마찬가지이다.

〈표 3-4〉 I CAN DO 발상법 구조도

I CAN DO: 태도과정		
준비과정	발상과정	검증과정
Identity 분명한 정체성 파악하기	Information ESP의 존재이유 **분명히** 하기	Identity 정체성 확인하기
Credibility 신뢰의 근거 마련하기	Combine 결합으로 ESP **분명히** 하기	Credibility 신뢰성 확인하기
Attraction 매력성 발견하기	Association 연상으로 ESP **분명히** 하기	Attraction 매력성 확인하기
Newness 새로움 발견하기	Negative opinion 반대로 생각하여 ESP **분명히** 하기	Newness 새로움 확인하기
Difference 차별성 발견하기	Drama 소비자 이야기로 ESP **분명히** 하기	Dramatic 극적인 요소 확인하기
Obviousness 명쾌하게 정리하기	Original 관점 바꾸어 ESP **질문**하기	Obviousness 명확성 확인하기

〈표 3-5〉 아이디어 발상의 확장구체화 틀

아이디어	형식	감정	감각(톤)
Information			
Combine	실연	감성소구	사진으로
	증언	이성소구	일러스트레이션으로
Association	추천(유명인/전문가)	부정소구	그림으로
Negative opinion	뉴스앵커	긍정소구	만화로
	생활의 단면	재미소구	구성으로
Drama	라이프스타일	진지소구	다이어그램으로
Original			

김규철(2006). 생각있는 광고이야기. 이퍼블릭 코리아.

김규철(2013a). 광고창작기본. 서울미디어.

김규철(2013b). 광고창작자를 위한 새로운 아이디어발상법 제안. 디지털디자인학연구, 13(1), 555-564.

김규철(2020). 비선형 패러다임 시대의 동양예술 창의성 고찰. 동양예술, 46, 5-30.

김병희(2018). 어떻게 팔지 답답한 마음에 슬쩍 들춰본 전설의 광고들. 이와우.

김병희(2022a). 김병희 교수의 광고 읽는 습관. 좋은습관연구소.

김병희(2022b). 스티커 메시지. 한국경제신문.

김병희, 마정미, 김봉철, 김영찬, 유현재, 유승엽, 최세정, 송기인, 소현진, 유승철, 남고은, 김여정, 한규훈, 정윤재, 윤태일, 정승혜 (2021). 디지털 시대의 광고학신론. 학지사.

김병희, 오현숙, 류진한, 이희복, 최은섭, 박인성, 김정우, 윤일기, 최승희, 정상수, 전훈철, 변혜민, 전종우, 박하영, 김유나, 김신엽 (2022). 디지털 시대의 광고 크리에이티브 신론. 학지사.

김주환(2011). 회복탄력성: 시련을 행운으로 바꾸는 유쾌한 비밀. 위즈덤

하우스.

박성혁, 박동조, 이태환, 윤명훈, 김수현, 한경수(2004). 대한민국 일등광
고의 20법칙. 디자인하우스.

윤일기, 남고은, 김규철, 이희준, 구승회, 이선구, 최승희, 이경아, 한규
훈, 김소연, 황보 현우(2020). 디지털 시대의 광고 크리에이티브. 학
지사.

이미도(2013). 똑똑한 식스팩. 디자인하우스.

이성구(1999). 광고 크리에이티브론. 나남출판.

제일기획(2003). 캠페인 성공사례 30선. 제일기획.

제일기획 편집부(2014). 2014 광고연감. 제일기획.

제일기획 편집부(2015). 2015 광고연감. 제일기획.

제일기획 편집부(2016). 2016 광고연감. 제일기획.

제일기획 편집부(2017). 2017 광고연감. 제일기획.

제일기획 편집부(2018). 2018 광고연감. 제일기획.

제일기획 편집부(2019). 2019 광고연감. 제일기획.

제일기획 편집부(2020). 2020 광고연감. 제일기획.

제일기획 편집부(2021). 2021 광고연감. 제일기획.

제일기획 편집부(2022). 2022 광고연감. 제일기획.

Aitchison, J., & French, N. (1999). *Cutting edge advertising.* 이근형
역(2010). 커팅 엣지 애드버타이징. 교보문고.

Assaraf, J., & Smith, M. (2008). *The Answer: Grow Any Business,
Achieve Financial Freedom, and Live an Extraordinary Life.* 이경
식 역(2008). 해답: 부와 성공을 만드는 내 인생의 매뉴얼. 랜덤하우
스코리아.

Bernbach, W. (1989). *Bill Bernbach said* . DDB Needham

Worldwide.

Caples, J. (1974). *Tested Advertising Methods.* 송도익 역(1990). 광고, 이렇게 하면 성공한다. 서해문집.

Daniel, H. P. (2009). *Drive: The surprising truth about what motivates us.* 김주환 역(2011). 드라이브: 창조적인 사람들을 움직이는 자발적 동기부여의 힘. 청림출판.

Dupont, L. (1993). *1001 advertising tips.* 이영희, 정고운 공역(2001). 1001가지 광고테크닉. 예경.

Foster, J. (1996). *How to get ideas.* 정상수 역(1999). 잠자는 아이디어 깨우기. 해냄출판사.

Ha-Joon, C. (2011). *23 Things they don't tell you about capitalism.* 장하준, 김희정, 안세민 공역(2010). 그들이 말하지 않는 23가지: 장하준, 더 나은 자본주의를 말하다. 부키.

Khai Meng, T. (2001). *The ugly duckling.* 정상수 역(2002). 미운오리 새끼. Ogilvy & Mather Korea.

Michael, N. (2003). *Creative leaps.* 정상수 역(2004). 잘나가는 광고 만들기. 철학과 현실사.

Ogilvy, D. (1985). *Ogilvy on advertising.* Vintage.

Reeves, R. (1961). *Reality in Advertising.* 권오휴 역(1988). 광고의 실체. 오리콤.

동아일보(2003. 9. 28.). 헤드버그 亞太본부장 "방패연 광고로 앱솔루트 판촉 강화".

한겨레신문(2006. 11. 21.). 96살 할머니모델… 모든 여성은 아름다운가?.

한겨레신문(2016. 12. 10.). 앱솔루트보드카, 촛불집회로 광고 논란.

인명

내용

찾아보기

저자 소개

김규철(Kim, Kyu-cheul)

국민대학교 시각디자인학과 동 대학원 디자인학 박사
제일기획 크리에이티브팀 근무(GD · AD · CD, 1982~1998)
현 서원대학교 광고홍보학과 교수

〈저서〉
『생각있는 광고이야기』(이퍼블릭 코리아, 2006)
『제일기획 출신 교수들이 쓴 광고 · 홍보 실무 특강』(공저, 커뮤니케이션북
　　스, 2007)
『광고창작기본: how to find an idea』(서울미디어, 2013)
『대한민국 공공디자인 왜 문화정체성인가』(美세움, 2014)
『사랑한다면 따귀를 때려라: 아들과 친구와 벗과 나누고 싶은 이야기』(나노
　　미디어, 2014)
『디지털 시대의 광고 크리에이티브』(공저, 학지사, 2020)

학지컴인사이트총서 011

효과적인 아이디어 발상법 I CAN DO

Brainstorming Fruitful Ideas, I CAN DO

2023년 6월 10일 1판 1쇄 인쇄
2023년 6월 15일 1판 1쇄 발행

지은이 • 김규철
펴낸이 • 김진환
펴낸곳 • **학지사비즈**

04031 서울특별시 마포구 양화로 15길 20 마인드월드빌딩
대표전화 • 02-330-5114   팩스 • 02-324-2345
등록번호 • 제313-2006-000265호

홈페이지 • http://www.hakjisa.co.kr
페이스북 • https://www.facebook.com/hakjisabook

ISBN 979-11-982113-1-6 03320

정가 16,000원

출판미디어기업 **학지사**

간호보건의학출판 **학지사메디컬** www.hakjisamd.co.kr
심리검사연구소 **인싸이트** www.inpsyt.co.kr
학술논문서비스 **뉴논문** www.newnonmun.com
교육연수원 **카운피아** www.counpia.com